مذكرات طالب

حظّ عاثر

بقلم جيف كيني

عين التينة، شارع المفتي توفيق خالد، بناية الريم
هاتف: 786233 – 785108 – 785107 (1-961+)
ص.ب: 13-5574 شوران – بيروت 1102-2050 – لبنان
فاكس: 786230 (1-961+) – البريد الإلكتروني: asp@asp.com.lb
الموقع على شبكة الإنترنت: http://www.asp.com.lb

التنضيد وفرز الألوان: **أبجد غرافيكس**، بيروت – هاتف 785107 (1-961+)
الطباعة: **مطابع الدار العربية للعلوم**، بيروت – هاتف 786233 (1-961+)

إلى شارلي

آذار

تقول أمّي دائماً إنّ الأصدقاء لا يدومون، أمّا الأسرة فتدوم إلى الأبد. وإن صحّ ذلك، فهذا يعني أنّ أيّاماً صعبة تنتظرني.

أعني، أنا أحبّ عائلتي طبعاً، ولكنّني لست واثقاً أنّنا نصلح للعيش معاً. قد تتحسّن الأمور لاحقاً عندما نسكن في منازل منفصلة ولا نرى بعضنا إلّا في العطل. أمّا الآن، فالوضع مزعج جدّاً.

ما يفاجئني هو أنّ أمّي تصرّ دائماً على إيصال رسالة تؤكد فيها على أهمية "العائلة"، لأنّها لا تتّفق كثيراً مع أخواتها. وربّما تعتقد أنّها إن استمرّت بالضغط عليّ وعلى أخويَّ، فسنكبر على نحو مختلف. لكن، لو كنت مكانها، لما شعرت بالقلق.

أعتقد أنّ أمّي تحاول وحسب جعلي أشعر بالراحة حيال علاقتي برولي. فقد أصبح رولي صديقي المقرّب منذ أن انتقل إلى حيّنا، لكنّ الأمور تغيّرت بيننا مؤخّراً.

وكلّ ذلك بسبب صداقته الجديدة مع فتاة.

صدّقوني، آخر شخص في العالم توقّعت أن يصبح لديه أصدقاء هو رولي.

فلطالما ظننت أنّني من سينجح في حياته، فيما سيكون رولي الشابّ الذي سيثير شفقة الجميع.

أعتقد أنّه عليّ أن أقدّر مهارة رولي في إنشاء صداقة جديدة، ولكنّني لا أستطيع أن أفرح بذلك.

ففي الأيّام الخوالي، كنّا نحن الاثنان فقط نلعب معاً ونفعل ما يحلو لنا. فعلى سبيل المثال، إن راق لنا نفخ الفقاعات في كوب الحليب بالشوكولاته عند الغداء، كنّا نفعل ذلك بلا تردّد.

أمّا الآن، مع دخول صديقة جديدة الصورةَ، اختلفت الأمور تماماً.

وحيث يكون رولي، تتواجد صديقته أبيغيل. وحتّى لو لم تكن معه، يبدو الأمر كما لو أنّها معه. فقد دعوت رولي إلى منزلي في عطلة نهاية الأسبوع الفائت، لكي يُمضي الليلة برفقتي ونتسلى معاً. لكن بعد مرور ساعتين تقريباً، تخلّيت عن المحاولات التي كنت أبذلها لنستمتع بوقتنا معاً كالمعتاد.

وعندما يكونان معاً يصبح الوضع أكثر سوءاً. فمنذ أن أصبح رولي وأبيغيل صديقين، لم تعد لدى رولي آراء خاصّة به، وصار يتأثر كثيراً بآراء صديقته الجديدة.

كنت آمل أن ينتهي كلّ ذلك مع مرور الوقت، وأن تعود الأمور إلى طبيعتها، لكن لا يبدو أنّ هذا الوضع سيتغيّر قريباً.

في الواقع، بدأت آثار هذه الصداقة تظهر أساساً. فقد لاحظتُ تغييرات صغيرة في رولي، كالطريقة التي يسرّح بها شعره، والملابس التي يرتديها. وأؤكّد لكم أنّ أبيغيل هي التي تقف وراء كلّ ذلك.

لكن، أنا الذي كنتُ أفضل صديق لرولي طوال تلك السنوات، لذا لا يحقّ لأيّ كان سواي تغييره.

لا أفهم كيفية تغيّر الصداقات فجأة، وكيفية تحوّل الإنسان من كونه أفضل صديق إلى مجرّد نكرة، لكنّ هذا ما حدث بالضبط.

ففي فصل الشتاء، قمنا أنا ورولي بتخزين بعض كرات الثلج في ثلّاجتي لكي نلعب بها عندما يصبح الطقس أكثر دفئاً.

والبارحة كان أوّل يوم مشمس نشهده منذ مدّة طويلة. ولكنني، عندما ذهبت إلى منزل رولي عاملني كالغرباء.

المشكلة - وأقولها بصدق - هي أنّني كنت لطيفاً مع أبيغيل، ولكنّها لا تحبّني. فهي تحاول إبعادي عن رولي منذ أن أصبحا صديقين.

لكن، كلّما حاولتُ التحدث إلى رولي في هذا الموضوع، سمعتُ الجواب نفسه.

ليتني أستطيع البوح لرولي بما يختلج في صدري، ولكنّني لا أستطيع فعل ذلك لأنّني أعتمد عليه لتحقيق النجاح هذا العام.

فأستاذ اللغة الإنكليزية، السيّد بلاكلي، يجبرنا على تسليم فروضنا مكتوبة بخطّ مائل. غير أنّ يدي تؤلمني حقّاً عندما أكتب ببطء، لذلك كنت أعطي رولي قطعة من البسكويت بزبدة الفستق مقابل كلّ صفحة يكتبها لي.

وإن بدأت الآن بكتابة فروضي بنفسي، فسيختلف خطّي عمّا كان عليه في الفروض السابقة، وسيكشف الأستاذ بلاكلي أمري.

ولهذا، أنا عالق مع رولي، على الأقلّ إلى أن أجد من يكتب مثله تماماً ويحبّ البسكويت بزبدة الفستق.

لكنّ المشكلة الكبرى في صداقته مع أبيغيل ليست في فروض اللغة الإنكليزية، بل في الطريق إلى المدرسة. فقد اعتدنا أنا ورولي على الذهاب معاً إلى المدرسة كلّ صباح، غير أنّه الآن أصبح يقصد حيّ أبيغيل ويرافقها إلى المدرسة.

وهذه مشكلة بالنسبة إليَّ لسببين. فأوّلاً، كنتُ قد اتّفقت مع رولي في ما مضى على أن يسبقني لاستطلاع الطريق، وتحذيري في حال وجود قذارة الكلاب على الرصيف. وقد أنقذني هذا الترتيب عدة مرّات.

فثمّة كلب يثور كلّما رآنا أنا ورولي، ولذلك كنا نأخذ جانب الحيطة والحذر كلّما مررنا بمنزله. إنّه كلب أسود شرس حقّاً يدعى نمرود، وقد اعتاد على الخروج من باحة المنزل ومطاردتنا حين نكون في طريقنا إلى المدرسة.

لذا، اضطرّ مالكه إلى وضع طوق كهربائي له ليتأكّد من عدم خروجه من باحة المنزل. والآن، لم يعد نمرود يطاردنا، لأنّه إن خطا خطوة واحدة خارج باحته، فسيتلقّى صدمة كهربائية من الطوق الذي يحيط بعنقه.

ومنذ أن عرفنا أنا ورولي بأمر الطوق الكهربائي، بدأنا بمضايقته أحياناً.

لكنّ نمرود فهم أنّه ما لم يتجاوز الطوق خطّ حدود المنزل، فلن يتعرّض للصدمة.

ولو لم أطلب من رولي مراقبة الطريق، لدستُ حتماً على أحد ألغام نمرود.

أمّا السبب الآخر لانزعاجي من عدم ذهابنا أنا ورولي إلى المدرسة معاً وعودتنا معاً، فهو أنّ الأساتذة باتوا يرهقوننا بالفروض المنزلية مؤخّراً مع اقتراب نهاية العام الدراسي.

وهذا يعني أنّني مضطرٌ إلى أخذ كلّ كتبي تقريباً إلى المنزل يوميّاً.

وبنيتي الجسدية لا تسمح لي بحمل هذا الوزن، في حين أنّ رولي لا يجد عناءً في ذلك.

لسوء الحظّ، لا مانع لدى رولي في مساعدة أبيغيل في حمل كتبها؛ ما يدفعني إلى الظنّ بأنّ هدفها الوحيد من هذه الصداقة هو استغلاله.

وبما أنّني كنتُ صديق رولي المقرّب، يصعب عليّ تقبّل ذلك.

خطر ببالي حلّ مناسب لمشكلة الكتب. لذا، استعرت هذا الصباح الحقيبة التي يستخدمها أبي في أسفاره، وهي حقيبة ذات عجلتين. وهكذا، لم يعد حمل كلّ أغراضي المدرسية يمثّل مشكلة بالنسبة إليّ.

كما أنّني أمضيت وقتاً ممتعاً أيضاً، لا سيّما وأنّني أسرعت في السير أثناء مروري بمنزل السيّد ساندوفال.

ففي ما مضى، قبل هبوب عاصفة ثلجة، كان السيّد ساندوفال يثبّت دائماً أوتاداً في أرض إلى جانبَي الطريق المؤدّية إلى منزله، لكي يعيّن حدود الرصيف للعامل الذي يزيل الثلوج.

لكن، في المرّة الأخيرة التي تساقط فيها الثلوج، نزعنا أنا ورولي وَتَدَين من باحة السيّد ساندوفال وتبارزنا بهما.

لكن، أظنّ أنّنا لم نُعِد الوتدَين إلى مكانيهما الصحيحين. فعندما أتى العامل لإزالة الثلوج من أمام منزل السيّد ساندوفال، تجاوز حدود الرصيف بمسافة عشر أقدام.

ومنذ ذلك الحين والسيّد ساندوفال ينتظر مرورنا أنا ورولي من أمام منزله مجدّداً لكي يلقّننا درساً لا ننساه. غير أنّني لست مستعدّاً لهذه المواجهة بعد، وبالتأكيد ليس بمفردي.

مع ذلك، إنّ السيّد ساندوفال ليس الخطر الوحيد الذي يتربّص بي في الطريق بين منزلي والمدرسة.

فمنذ أن بدأت أعمال البناء في شارع جدّتي، أصبحنا مضطرّين إلى سلوك طريق أطول للذهاب إلى المنزل. وهذا ما أجبرنا على المرور بمحاذاة الغابة التي يتسكّع فيها أولاد عائلة مينغو.

في الواقع، لا أعرف الكثير عن أولاد عائلة مينغو، لكن بما أنّه لم يسبق لي أن رأيت أحداً منهم في المدرسة، فكلّ ما أعرفه عنهم هو أنّهم يعيشون في الغابة مثل قطيع من الحيوانات البرّية.

حتّى إنّني لا أعرف إذا كان هناك آباء أو بالغون في قبيلة مينغو. فقد سمعت أنّ زعيمَهم ولد يُدعى ميكلي، وهو يواظب على ارتداء قميص بلا كمّين، ويضع حزاماً مزوّداً بإبزيم معدني ضخم.

ميكلي مينغو

في إحدى المرّات، اقترب بنا أنا ورولي من الغابة كثيراً، فخرج أحد أولاد مينغو لتحذيرنا وتهديدنا.

ما زلت حتى اليوم لا أفهم معنى تهديده. لكن، إن كانت للأمر علاقة بالإبزيم المعدني في حزام ميكلي بأيّ شكل من الأشكال فلن أخاطر.

الآن، بما أنّني أعود إلى المنزل بمفردي، فأنا أعبر إلى الجهة الأخرى من الشارع عندما أقترب من غابة مينغو. ولا مشكلة في ذلك، باستثناء أنّ الجهة المقابلة ليست مزوّدة برصيف، وهذا يُتلف حقيبة أبي.

لاحظت أمّي أنّني لا ألعب مع رولي مؤخّراً، فقالت لي إنّ الأمر لا يستحقّ أن أنزعج من أجله، لأنّ صداقات الطفولة قلّما تدوم، وإنّنا – أنا ورولي – سنبتعد عن بعضنا مع مرور السنوات على أيّ حال.

في الواقع، آمل ألّا يكون ذلك صحيحاً. لأنّني أعتقد أنّ الحفاظ على صداقات الطفولة أمر مهمّ لكي أجد من يقدّر ما وصلت إليه.

على أيّ حال، لا أعتقد أنّ أمّي مؤهّلة لإسدائي النصائح في ما يتعلق بالصداقة؛ لأنّ صداقات الصبيان مختلفة تماماً عن صداقات الفتيات. وقد عرفت ذلك لأنني قرأت تقريباً السلسلة الكاملة من قصص صديقتان في حفلة مبيت.

وقبل أن تحكموا عليّ بالقول إنّ هذه الكتب مخصصة للفتيات، دعوني أشرح لكم أنّي بدأت بقراءتها يوم نسيت إحضار كتاب حصة القراءة الصامتة، وكانت كلّ الكتب التي أحضرها المدرّسة تنتمي إلى سلسلة صديقتان في حفلة مبيت. فحين تبدأون بقراءة إحداها تعجزون عن التوقّف.

تضمّ السلسلة نحو مئة كتاب. وقد كانت الكُتب الثلاثون الأولى جيّدة حقّاً، لكن في ما بعد، أعتقد أنّ أفكار المؤلّف بدأت تنفد.

على أيّ حال، كانت الصديقتان في قصص تلك السلسلة تتخاصمان دائماً لأسباب تافهة.

لكن، سرعان ما تزول الأحقاد، وتتعلّم الفتاتان المعنى الحقيقي للصداقة.

وهذه أساساً هي العقدة في كلّ قصة من قصص سلسلة صديقتان في حفلة مبيت. في الحقيقة، قد يكون هذا ما يحدث مع الفتيات، ولكنّني أؤكّد لكم استناداً إلى تجربتي أنّ الأمور لا تجري بهذه الطريقة مع الفتيات.

فبالنسبة إلى الفتيات، الأمور أقلّ تعقيداً بكثير. فعلى سبيل المثال، لنفترض أنّ صبياً كسر شيئاً ما يخص صبياً آخر عن طريق الخطأ. بعد خمس ثوانٍ، سينسى الجميع ما حدث، وستعود الأمور إلى طبيعتها.

لا أدري إنْ كان هذا يعني أنّ الصبيان أقلّ تعقيداً من الفتيات، ولكنّني أعلم أنّ أسلوبنا في حلّ الأمور يوفّر الكثير من الوقت والطاقة.

<u>الجمعة</u>

أكره الاعتراف بهذا، لكنّ توقّعات أمّي بشأننا أنا ورولي بدأت تتحقّق.

فمنذ أن جمعت الصداقة بين أبيغيل ورولي، أصبحت أبيغيل تجلس معنا خلال الغداء، رغم أنّنا جميعاً صبيان. وقد سبق لي أن ذكرتُ أنّها ليست مولعة بلعبة نفخ الفقاقيع في الحليب بالشوكولاته، لكن ثمّة الكثير من الأمور الأخرى التي لا تعجبها أيضاً.

وأحدها قانون الثواني الخمس. فجميع الصبيان الذين يجلسون إلى طاولتنا متّفقون على أنّهم إن أسقطوا قطعة طعام على الأرض وقاموا برفعها في غضون خمس ثوانٍ، فلا بأس في أكلها.

مؤخّراً، طرح أحدهم فكرة جديدة. فقد أصبح بإمكان أيّ شخص التقاط قطعة الطعام عن الأرض حتّى لو لم يكن هو الذي أسقطها. وهكذا، خسرت قطعتين من البسكويت بالشوكولاته وقطعة من الكيك.

غير أنّ هذا القانون الجديد سبّب بعض المشاكل. فيوم أمس، أكل فريدي هارلاهان قطعة لحم رفعها عن الأرض لأنّه اعتقد أنّ كارل دوماس هو الذي أسقطها، ولكنّها في الواقع كانت قد سقطت من المجموعة التي تناولت الغداء، قبلنا.

وربّما كانت هناك حتّى قبل ذلك، لأنّ فريدي بدأ يشعر بالغثيان، واضطرّ إلى ملازمة غرفة الممرّضة في ما تبقى من ذلك النهار.

لديّ إحس... بأنّ قانون الثواني الخمس لا يطبّق على الطـ... التي كانت أبيغيل تجلس إليها، أو على أيّ من... ت الفتيات الأخريات على الأرجح. كما أنّني وأ... نّهنّ لا يملكن بطاطا مقلية يوم الجمعة.

فكلّ يوم جمعة، يُقدَّم البرغر في مقهى المدرسة،
لكنّ اللحم الذي يُقدَّم هناك يكون رمادي اللون،
وطعمه يشبه الإسفنج المبلّل. ناهيك عن أنّهم
أصبحوا يقدّمون البطاطا المقلية الحلوة عوضاً عن
البطاطا المقلية العادية.

غير أنّ والدة نولان تياغو تعمل بدوام جزئي في
المكتبة. وكلّ يوم جمعة، تشتري لنولان وجبة
تشيز برغر مع البطاطا المقلية من مطعم للوجبات
السريعة يقع عند ناصية الشارع.

يأكل نولان البطاطا المقلية، ولكنه يترك لنا دائماً ما
يسقط منه في الكيس. وقد رأيت أولاداً يستميتون
فعلاً من أجل حفنة من البطاطا المقلية الباردة.

وهكذا، قرّرنا تقاسم البطاطا بالتساوي؛ فهذا هو الحلّ الأفضل لكي نمنع تعرّض أحد للأذى. وقد طلبنا من أليكس أرودا توزيعها بشكل عادل.

أمّا نحن، فرحنا نراقب أليكس للتأكّد من أنّه لا يأخذ عدداً زائداً لنفسه.

وفي حين أنّ بعض الأولاد كانوا يأكلون حصّتهم دفعة واحدة، كنتُ أتناول حصّتي ببطء شديد، لتدوم لأطول وقت ممكن.

لكن، مهما كان عدد حبات البطاطا التي نحصل عليها، لم تكن تكفينا إطلاقاً. واليوم، لم تكن في الكيس سوى ثلاث قطع، ما اضطرّنا إلى محاولة تقسيمها باعتماد عشر طرائق مختلفة.

وقد قام بعض الأولاد بدفع عشرة سنتات لنولان فقط من أجل شمّ رائحة البطاطا من فمه. وأعتقد أنّ هذا ما دفع أبيغيل أخيراً إلى البحث عن مكان آخر لتجلس فيه.

وعندما انتقلت أبيغيل إلى طاولة أخرى، أخذت رولي معها. غير أنني لم أمانع ذلك، لأنّ هذا يعني حصولنا على المزيد من البطاطا.

انتقل رولي وأبيغيل إلى طاولة أخرى، وهي الطاولة الوحيدة في المقهى بأكمله التي لا يزال فيها مقعدان شاغران. فقد انتهزا فرصة اجتماع معظم تلامذة صفّنا تقريباً حول نولان، وتمكّنا من إيجاد مقعدين لهما، رغم صعوبة ذلك عادة.

وأؤكّد لكم أنّني لن أقبل بالانضمام إليهما والجلوس قربهما حتى لو دفعتم لي المال . فأنا لا أستطيع مشاهدة أبيغيل وهي تهتم برولي كلّ يوم وتطعمه كما لو أنه طفل صغير .

وفي اللحظة التي تركت فيها رولي وأبيغيل طاولتنا، جلس ولدان مكانيهما على الفور . فنظراً إلى عدم توفّر مقاعد كافية للجميع في مقهى المدرسة خلال فرصة الغداء، يقف الطلّاب في الصفّ بانتظار خلوّ مقعد .

وإن لم تجد لنفسك مكاناً في اليوم الأوّل من المدرسة، فسيكون حظّك عاثراً. فبعض الأولاد يضطرون إلى الانتظار منذ شهر أيلول، وعلى الأرجح سيواصلون الانتظار حتّى آخر يوم في العام المدرسي .

أشعر بأنّني محظوظ لعثوري على مقعد في مقهى المدرسة، لأنّ الأشخاص الذين لم يحالفهم الحظّ يضطرّون إلى الجلوس أينما استطاعوا.

وبالنسبة إلى الأولاد الذين يقفون في وسط الصفّ، لقد فقدوا الأمل تقريباً في إيجاد مقاعد لهم. لذا، بدأوا يبيعون أماكنهم لأولئك الذين يقفون وراءهم. وقد سمعت أنّ برادي كونور باع مكانه، الرقم 15، لغلين هاريس مقابل خمسة دولارات وعلبة آيس كريم.

لسوء حظّي ، كان الولدان الواقفان في مقدّمة الصفّ هما إيرل دريميل وشقيقه التوأم آندي، وقد احتلّا مقعدَي رولي وأبيغيل على الفور. وقد كان لدى إيرل وآندي حصّة رياضة قبل الغداء مباشرة، وهذان الاثنان يتظاهران بالاستحمام بعد التمارين ولا يستحمان فعلاً، أي مثلي تماماً.

ورغم أنّني كنت أجلس إلى الطاولة مع عصبة من الأولاد، إلّا أنّني لم أكن أعتبر أحداً منهم صديقاً لي فعلاً، لأنّنا حين نخرج إلى الملعب يذهب كلّ منّا في طريقه.

كنت معتاداً على التسكّع مع رولي في الملعب، لكنّ تلك الأيّام ولّت إلى غير رجعة. ربّما حان الوقت لأتسكّع بمفردي، لكن المشكلة هي أنّني لا أعرف إلى أين أذهب.

فأوّلاً، ثمّة أولاد عليّ الاحتراس منهم في الملعب.

فمنذ عدّة سنوات، دعت أمّي عدداً من زملائي في الصفّ إلى حفلة ذكرى ميلادي. غير أنّها رأت أنّني أملك ما يكفي من الألعاب، فذكرت ذلك على بطاقة الدعوة.

عادة، عندما تفتحون هدايا ذكرى ميلادكم، يشعر جميع الأولاد بالغيرة منكم. أمّا أنا في حفل ذكرى ميلادي، فأظنّ أنّ المدعوّين شعروا بالأسف من أجلي.

لسوء الحظّ، أثارت فكرة أمّي إعجاب عدد من الأمّهات الأخريات في حيّنا. واليوم، عليّ أن أكون حذراً عندما أرى ولداً يسير في الملعب حاملاً كتاباً جديداً.

هنالك أيضاً ليون فيست وعصابته. فقد تشاجرت مع أولئك الأولاد منذ بضع سنوات في فصل الصيف، وقد سالت بيننا الدماء منذ ذلك الحين.

ففي أحد الأيّام، ذهبنا أنا ورولي إلى المدرسة لنركب درّاجتينا في ملعب كرة السلّة. لكنّ ليون وصديقيه ظهروا بعد دقائق.

أمرونا بالرحيل لكي يتمكّنوا من لعب كرة السلّة.

فعرضت عليهم تسوية، حيث يلعبون في نصف الملعب، فيما نركب نحن درّاجتينا في النصف الآخر. لكنّ تلك الفكرة لم تعجبهم وطردونا من الملعب.

وفي طريق العودة إلى المنزل، شعرت بالغضب الشديد لأنّنا سمحنا لهم بمعاملتنا على هذا النحو، وأردت فعل شيء، حيال ذلك. وبعد بضعة أيّام، سألتني أمّي بلا مقدّمات عمّا إذا كنت أرغب في الانضمام إلى «أكاديمية تدريب الأبطال الخارقين». وأعطتني الإعلان، فطرت فرحاً.

لم آكن أطيق صبراً ريثما أتخرّج من أكاديمية تدريب الأبطال الخارقين لأوقف ليون وعصابته عند حدّهم.

قامت والدة رولي بتسجيله هو أيضاً، فتحمّسنا كثيراً. لكن منذ اليوم الأوّل، أدركتُ أنّ المسألة برمّتها ليست سوى ضربٍ احتيال.

ففي البداية، كانت أكاديمية تدريب الأبطال الخارقين تقع في قاعة الرياضة في مقرّ الحركة الشبابية، وليست في قبوٍ سرّي تحت المبنى. واكتشفتُ بعد ذلك أنّ الجزء المتعلّق بالقوى الخارقة ليس سوى دعابة.

وهكذا، علقتُ مع رولي في مخيّم نهاري لمدّة أسبوع، بينما تفرّغت أمّانا لنفسيهما. وفي النهاية، لم نحصل على أقنعة أو أزياء خاصّة أو أيّ شيءٍ رائع من هذا القبيل، بل كل ما حصلنا عليه هو مجرّد شهادات سخيفة.

بعد بضعة أسابيع، ذهبنا إلى المدرسة مجدّداً على درّاجتينا. وبالطبع، وجدنا ليون وصديقيه في ملعب كرة السلّة. لكن، أظنّ أنّه كان يجدر بي تنبيهه إلى أنّ تدريبه على "القدرات الخارقة" كان عديمَ جدٍ على الإطلاق.

وباستثناء الأولاد الذين أحرص على تجنّبهم مثل ليون، ثمّة مجموعات مختلفة من الطلاب الذين يتسكّعون في الملعب في وقت الاستراحة، لكنّني لا أظنّ أنّني أنسجم مع أيّ منهم.

فمنهم من يلعب بالورق، ومنهم من يكتفي بالمشي في الملعب والقراءة.

ومنهم من يلعب بالكرة. لكن منذ بضعة أشهر، منعت المدرسة كلّ ألعاب الكرة، لأنّ الكثير من الأولاد يتعرّضون للأذى.

وهكذا، ابتكر أولئك الأولاد لعبة يكون فيها حذاء أحدهم هو الكرة. لكن، لا تسألوني عن الهدف من هذه اللعبة.

يتسكّع إريك غليك مع صديقيه الهزيلَين خلف
المدرسة حيث لا يراهم الأساتذة. وقد سمعت أنّكم
إن أردتم شراء ملخّص عن كتاب قديم أو فرض
منزلي، فما عليكم سوى التوجّه إليه.

أمّا الفتيات فيمضين وقت الاستراحة في مجموعات
أيضاً. بعضهنّ يلعبن لعبة القفز من فوق الحبل في
إحدى زوايا المدرسة، وبعضهنّ الآخر يلعبن لعبة
الحجلة على مسافة خمسين قدماً من المجموعة
الأولى. وقد سمعت أنّ المجموعتين لا تتّفقان،
ولكنّني لم أعرف السبب.

في الحقيقة، إنّ المجموعة التي أتمنّى الانضمام
إليها هي مجموعة الفتيات اللواتي يتجمّعن بالقرب
من باب المقهى، ويتحدّثن عن كلّ من يمرّ من
أمامهنّ.

وقد حاولت التسلّل إلى تلك المجموعة سابقاً، ولكن من الواضح أنّهنّ لا يرحّبن بالدخلاء.

والمكان الوحيد الذي يلعب فيه الصبيان والفتيات الصغار معاً هو الملعب. فهناك يلعب بعض الأولاد والفتيات الصغار لعبة المطاردة، وقد كانت لعبة حماسية في مرحلة الحضانة.

وقد حاولت المشاركة في هذه اللعبة على مرّ السنوات، لكنّ معظم الفتيات كنّ يفضّلن مطاردة الفتيان ذوي الشعبية مثل برايس أندرسون.

غالباً ما يقوم أحدهم خلال لعبة المطاردة بالصياح وعكس اللعبة بأكملها.

وهكذا، يستمرّ اللعب إلى أن يُقرَع الجرس، ويحين وقت العودة إلى الصفوف.

المشكلة الوحيدة هي أنّهم لا يقولون لك أبداً ماذا يُفترض بك أن تفعل عندما تقبض على أحدهم. وأذكر أنني حين كنت صغيراً جداً وكنا نلعب لعبة مطاردة الفتيات أمسكت بكارا بونتر ولم أفلتها.

عندها، اشتكت كارا إلى المراقِبة التي أجلستني قرب الجدار طوال فترة الاستراحة. وأنا واثقٌ بأنّ إدارة المدرسة اتّصلت بوالدَيّ أيضاً.

أعتقد أنّ إدارة المدرسة قد أدركت أنّ بعض الأولاد يواجهون مشاكل في إيجاد أصدقاء في الملعب. لذا، قامت بتحويل صندوق الإبلاغ عن المضايقات الموجود في الملعب إلى صندوق "إيجاد صديق".

لطالما ظننت أنّ وضع صندوق إيجاد صديق في الملعب فكرة سيئة، ولكنّني لا أملك الكثير من الخيارات في هذه الأيّام.

لا أدري ما إذا كان الأولاد لم يلاحظوا انطفاء الضوء الأزرق، أو ما إذا كان الجميع مشغولين بلعبة المطاردة، لكنّ أحداً منهم لم يظهر. وأعتقد أنّ السيّد نيرن شعر بالأسف من أجلي، لأنّه أتى إليّ حاملاً علبة داما.

وجدتُ ذلك أفضل من لا شيء، لكن أتمنّى ألّا يعتقد السيّد نيرن أن هذا الوضع سيصبح دائماً.

حسناً، بدأت أدرك أنّ الوضع سيّئ عندما أصبح لدى أخي الصغير أصدقاء أكثر منّي.

فقد انتقلت أسرة لديها ولد في مرحلة الروضة ويدعى ميكي للسكن في شارعنا منذ بضعة أسابيع. وقد أصبح ميكي وماني صديقين. ومنذ أن التقيا وهما يلعبان معاً كلّ يوم بعد المدرسة.

يحبّ ميكي عصير العنب، ولم أره يوماً من دون دائرة حول فمه من أثر العصير. لذلك، أراه يبدو مثل رجل في الأربعين ذي لحية.

ميكي

كلّ ما يفعله ميكي وماني معاً هو مشاهدة التلفاز.

وعلى حدّ علمي، لم يقل أي منهما كلمة واحدة للآخر. لكن، أعتقد أنّ شيئاً ما يجعل علاقتها ناجحة.

والأمـر الأكثر غرابة هو أنّ جدّي قد خطب سيدة الآن. فأنا لم أكن أعتقد إطلاقاً أنّ الرجال في مثل سنّ جدّي يفكرون في الزواج مجدداً، لكن أظنّ أنّني كنت مخطئاً.

على الأرجح، لا ينبغي أن يفاجئني ذلك. إذ يقول أبي إنّ عدد النساء يفوق عدد الرجال بنسبة عشر نساء مقابل رجل واحد. لذلك، هناك الكثير من النساء المرشحات للزواج من جدّي، واللواتي يحاولن كسب إعجابه من خلال أطباق الطعام والحلويات.

وهكذا، بدأ جدّي بمواعدة خطيبته التي تدعى دارلين، وهي أرملة. وقد تعرفنا عليها في عطلة نهاية هذا الأسبوع عندما حضرا معاً لتناول العشاء.

أجد الأمر في غاية الغرابة؛ أي أن يحظى رولي بصديقة وجدّي بخطيبة في الوقت نفسه.

ولا يسعني سوى التفكير في أنّ الجنس البشري في خطر إن كان أمثال هؤلاء الناس هم الذين سيُنجبون الجيل التالي.

ما كان يجدر بي إخبار أمّي شيئاً عن حياتي الاجتماعية، لأنّها الآن أخذت على عاتقها مهمّة مساعدتي في إيجاد أصدقاء جدد.

أمس، دعت أمي صديقتها القديمة من أيّام الدراسة إلى منزلنا لأنّها ظنّت أنّني قد أتفق حقّاً مع ابن صديقتها.

لكنّ أمّي لم تذكر أنّ ابن صديقتها في السنة الأخيرة من المرحلة الثانوية، الأمر الذي جعل الجلسة مربكة حقّاً.

كما بدأت أمّي مؤخّراً تسديني نصائح حول كيفيّة تكوين صداقات جديدة في المدرسة.

ورغم أنّني أعتقد أنّ نيّتها حسنة، إلّا أنّني أظنّ أنّ نصائحها ليست مجدية إطلاقاً مع أولاد في مثل سنّي. فعلى سبيل المثال، قالت لي أمّي إنّني إن كنت لطيفاً مع الجميع، فسيذيع صيتي بين الأولاد، وسأصبح الولد الأكثر شعبية في المدرسة بسرعة البرق.

ربّما كان هذا النوع من الأمور نافعاً حين كانت أمّي طالبة في المدرسة، لكنّ أولاد هذا الزمن قد تغيّروا. ولطالما قلت لأمّي إنّه في أيّامنا أصبح معيار الشعبية في المدرسة يستند إلى نوع الملابس التي يرتديها الفرد والهاتف الذي يحمله، غير أنّها ترفض الإصغاء إليّ.

في مدرستنا، ثمّة توجّه كبير إلى تشجيع «التعزيز الإيجابي». ولذلك، بدأوا بنزع جميع الملصقات المضادّة للتنمّر من الأروقة، لأنّها لا تناسب الفكر الجديد.

والآن، عوضاً عن معاقبة الأولاد الذين يسيئون معاملة بعضهم بعضاً، بدأوا بمكافأة الأولاد اللطفاء.

تقوم الفكرة أساساً على منح الطالب "نقطة بطولة" إن فاجأه أستاذ ما وهو يتصرّف بلطف مع طالب آخر.

وعند حصولكم على عدد معيّن من نقاط البطولة، يمكنكم تحويلها إلى جوائز، مثل الحصول على وقت إضافي في الملعب.

والصفّ الذي يفوز بأكبر عدد من نقاط البطولة يحصل على يوم عطلة في يونيو.

في الواقع، وجدت هذه الفكرة مقبولة، ولكن غالباً ما يقوم الآخرون طبعاً بإفساد الأمور. إذ سرعان ما أدرك الأولاد أنّهم غير مضطرّين فعلاً إلى القيام بأعمال جيّدة للحصول على نقاط البطولة. فبدأوا يتظاهرون باللطف كلّما رأوا الأساتذة في الجوار.

تتمّ طباعة نقاط البطولة على أوراق توجد في كل منها عشر قطع، ويمزّق الأساتذة إحداها كلّما أرادوا مكافأة طالب.

وقد تمكّن إريك غليك من وضع يديه على إحدى تلك الأوراق، وقام بتصوير نسخ عنها، وسرعان ما انتشرت نقاط البطولة المزوّرة في أنحاء المدرسة.

وقد بدأ إريك ببيع النقطة بخمسة وعشرين سنتاً.
لكن، عندما أدرك الأولاد الآخرون أنّهم يستطيعون
هم أيضاً صنع نسخ، أصبح عدد نقاط البطولة
المتداولة كبيراً؛ حيث بات بإمكانكم شراء مئة نقطة
بربع دولار.

وشيئاً فشيئاً، بدأت الشكوك تساور الأساتذة عندما
أصبح أسوأ الأولاد في صفّنا يسلّمون العشرات
من نقاط البطولة للحصول على وقت إضافي في
الملعب.

عندها، ألغت المدرسة جميع نقاط البطولة المطبوعة على أوراق بيضاء، وأصدرت مجموعة جديدة مطبوعة على أوراق خضراء. لكن، لم يستغرق الأمر وقتاً طويلاً حتى بدأ الأولاد بصنع نسخ على أوراق خضراء، وتكرّرت الأحداث مجدّداً.

وكلّما غيّرت المدرسة لون الورق، كان يتمّ تزوير البطاقات في غضون أربع وعشرين ساعة. وأخيراً، بدأت المدرسة بمعاقبة الأولاد الذين يسلّمون أكثر من خمس نقاط بطولة دفعة واحدة، لأنّ الأساتذة رأوا في ذلك دليلاً على التزوير.

غير أنّ ذلك لم يكن عادلاً. فقد تمّ احتجاز مارسيل تامبلتون - وهو أحد ألطف الأولاد في صفّنا - لبقيّة الشهر، رغم أنّه كسب خمساً وثلاثين نقطة بطولة بطريقة مشروعة.

ولاحقاً، أحبط عامل النظافة إحدى أهمّ عمليّات التزوير، وذلك عندما دخل صفّ العلوم الخالي الذي كان الأولاد يستخدمونه كقاعدة لهم.

بعد ذلك، ألغت المدرسة برنامج نقاط البطولة، وقد كانت خطوة غير موفّقة. فبعد استبعاد الوقت الإضافي في الملعب من الصورة، لم يعد أحد يرغب في إبداء اللطف تجاه الآخرين.

<u>الأحد</u>

أعتقد أنّ أمّي قد أخذت ما قلته حول شّعبيّتي بين أولاد جيلي على محمل الجدّ، لأنّها اصطحبتني اليوم لشّراء الملابس.

عادة، لم أكن أطيق الخروج لشّراء الملابس، لأنّنا لا نقوم بذلك إلّا عند بداية العام الدراسي. ومّ واحدة في العام تكفيني.

لقد قمت بالكثير من الأمور المملّة في حياتي. ولكن، لا شيء، منها كان يستنفد طاقتي مثل الخروج لشراء الملابس قبل بدء المدرسة.

عادةً، تصطحبنا أمّي إلى متجر في وسط البلد يدعى محلّات فريدي التوفيرية. وأعتقد أنّ أصحاب المتجر يفهمون الشباب، لأنّهم يخصّصون لنا بقعة صغيرة نجلس فيها بينما تقوم النساء بالتسوّق.

في أيلول الماضي، اصطحبتنا أمّي أنا ورودريك إلى محلّات فريدي التوفيرية، واختارت لنا كلّ ملابسنا. لكن لسوء الحظّ، نسيت العودة لإحضارنا بعد انتهائها من التبضّع، ولم تتذكّرنا إلّا بعد وصولها إلى المنزل.

وقد مضى على جلوسنا هناك ثلاث ساعات تقريباً قبل أن تعود لإحضارنا.

غير أنّني اليوم شعرت بالحماسة. فقد حصلت
على بنطالَي جينز وثلاثة قمصان، لكنّ أكثر ما أثار
إعجابي كان الحذاء.

فكلّ أحذيتي كنت آخذها من رودريك. وكلّما
حصلت على أحد أحذيته، أمضيت ساعات وأنا
أزيل العلكة عن النعل.

لم أحصل على حذاء جديد خاص بي إلّا عندما كنت في الصفّ الرابع، حين ابتاعت لي أمّي حذاء رياضياً لأوّل يوم من أيّام المدرسة.

حينها قلت لها إنّه لم يسبق لي أن سمعت بماركة "سبورتزترز" من قبل، فأجابتني بأنّه من أوروبا، وأنه مزوّد "بتكنولوجيا عصر الفضاء". وفي اليوم التالي، ذهبت إلى المدرسة منتعلاً حذائي الجديد وأنا أشعر بفخر شديد.

لكن خلال الاستراحة، انفصل النعل المطّاطي لفردتَي الحذاء، فشعرت بالحزن الشديد. وعندما عدت إلى البيت، أخبرت أمّي بذلك، فطلبت مني ألّا أقلق لأنّها ستعيده إلى المتجر وستستبدله بحذاء جديد.

وعندها، اكتشفت أنّها ابتاعته من متجر الدولار، وأنّ "تكنولوجيا عصر الفضاء" مجرّد هراء.

لذا، عندما اصطحبتني أمّي لشراء حذاء اليوم، حرصت على إخبارها بأنّني لست مهتمّاً سوى "بالماركات".

رغم ذلك، لم يكن اختيار حذاء أمراً سهلاً. فقد وجدت نفسي أمام مليون نوع مختلف، وكلّ منها يُفترض به أن يكون مناسباً لشيء، معيّن.

كان ثمّة أحذية للمشي، وأخرى للجري، وأخرى للتزلّج، وغيرها كثير...

وجدتُ حذاء مميّزاً جدّاً خاصّاً بلعب كرة السلّة، وقد أعجبني كثيراً. إذ كان نعله مزوّداً بشيء، يُفترض به جعلي أقفز إلى ارتفاع أعلى، وقد فكّرت في شرائه جدّياً.

لكنّني خشيت من الخروج عن السيطرة تماماً في طريقي إلى المدرسة في حال ابتعت هذا الحذاء.

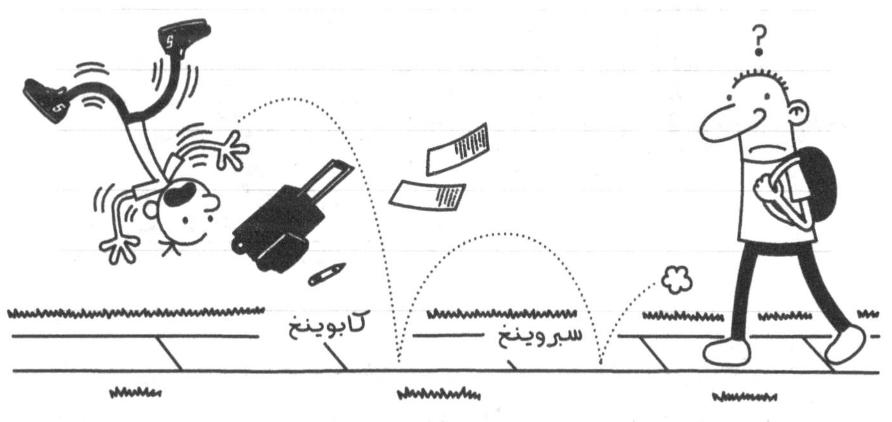

ثمّ وجدت حذاء أخضر للتدريبات المتنوّعة، وقد بدا رائعاً حقّاً، ولكن كُتب على علبته أنّه "مخصّص للرياضيين الجادّين".

لذا، إن اشتريتُ هذا الحذاء فأنا أعتقد أنّه لن تتمّ الاستفادة منه كما ينبغي.

حتّى إنّني فكّرت في شراء حذاء مزوّد بدواليب لكي أتمكّن كلّ يوم من المرور بسرعة من أمام غابة أولاد مينغو.

وأخيراً، وقع اختياري على حذاء رياضي متوسّط السعر. وسألتني أمّي إن كنت أودّ انتعاله فوراً، لكن يستحيل أن أجعله يتّسخ قبل أن أنتعله إلى المدرسة للمرّة الأولى.

أضف إلى ذلك أنّ عدم انتعاله فوراً سيتيح لي الاستمتاع برائحة الحذاء الجديد في طريق العودة إلى البيت.

<u>الاثنين</u>

لم ألاحظ قطّ مدى قذارة الأرض إلّا عندما انتعلت حذائي الجديد. وليس الأرض فقط، بل الشارع والرصيف أيضاً.

إذ كانت الطريق المؤدية إلى المدرسة أشبه بحقل ألغام من الوحول والشحوم وغيرها من القذارات، حيث يتعيّن على المرء أن يكون من النينجا كي يتجنّب الدوس عليها.

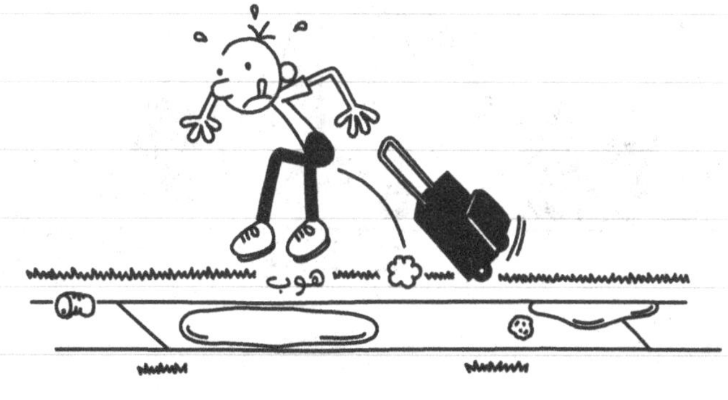

71

في الواقع، ما إن خرجت من البيت هذا الصباح حتّى عدت أدراجي، وأحضرت كيسَين من النايلون، وغلّفت قدميّ بهما. وهكذا، سار كلّ شيء على ما يرام لفترة.

لكن، سرعان ما تمزّق الكيسان، ولم يعودا صالحين لحماية الحذاء على الإطلاق. فنزعتهما ورميتهما في أقرب سلّة للمهملات.

بعد ذلك، فعلت ما في وسعي لتجنّب مناطق الخطر؛ فمشيت على الرصيف إلى أن أدركت أنّ الحصى تدخل في الفجوات الصغيرة الموجودة في نعل الحذاء. وكنت أعرف أنّ استخراجها باستعمال أحد الأعواد سيستغرق دهراً، لذا حاولت أن أقلّص مساحة النعل التي تلامس الإسمنت.

وأخيراً، استسلمت ومشيت على العشب. غير أنني وصلت إلى المدرسة متأخّراً عشرين دقيقة، لكنّ الأمر كان يستحقّ ذلك، لأنني ظهرت هناك بكامل أناقتي.

لسوء الحظّ، كان لدينا اختبار مفاجئ في مادّة الجغرافيا، فاضطررت إلى أن أبذل جهدي من أجل تسليمه في الوقت المحدّد.

وبعد مرور بضع دقائق على بدء الاختبار، شممت رائحة كريهة حقّاً. في البداية، ظننت أنّها منبعثة من بيرنارد بارنسون الذي لا يتمتّع برائحة طيبة عموماً.

كانت الرائحة هذه المرّة أسوأ من المعتاد بكثير، لذا نقلت أغراضي إلى مقعد في آخر الصفّ لأتمكّن من التركيز على الاختبار، لكنّ الرائحة لحقت بي. وعندها أدركت مصدرها الحقيقي.

لا بدّ أنّني دست على قذارة أحد الكلاب وأنا أسير على العشب. حتّى إنّني أعرف أين حدث ذلك بالضبط.

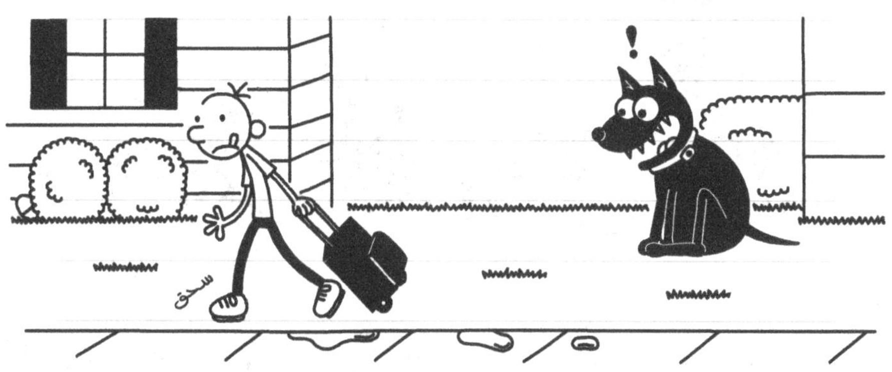

عندها، خلعت حذائي وذهبت إلى مكتب الأستاذة بولا لأخبرها بمشكلتي.

لكن، أعتقد أنّ الأستاذة بولا ظنّت أنّني أحاول التهرّب من الاختبار؛ لأنّها أعطتني كيسًا من النايلون لأضع فيه الحذاء وطلبت منّي العودة إلى مكاني.

وحين عرف بقيّة الأولاد بما جرى، بدأوا يسخرون منّي.

عادة، كنت أجد شيئاً كهذا مضحكاً، مثلهم تماماً. ولكن فقط عندما يحدث مع شخص آخر.

في الواقع، إن أكثر الأوقات متعة التي أمضيتها مع رولي كانت في الرابع من تموز، عندما اصطحبنا والداه إلى وسط البلد لمشاهدة الألعاب النارية. وصلنا إلى هناك قبل بضع ساعات من الاحتفال، وبسطنا بطّانيّتنا في الحديقة.

كان أحد خيول الشرطة قد أسقط قذارته على الطريق الرئيسة التي يسير عليها الجميع، فأمضينا نحن الاثنان بقيّة الليلة ونحن نشاهد ردود أفعال الناس وهم يحاولون تجنّب الدوس عليها ونشعر بالتسلية.

أمضينا أوقاتاً جميلة معاً، لكن أظنّ أنّها أصبحت من الماضي.

ما يثير غضبي حقّاً هو أنّه لو كانت الأمور كما يُفترَض بها أن تكون، لرافقني رولي إلى المدرسة هذا الصباح، ولقام بواجبه في استكشاف الطريق.

غير أنّ رولي تركني ووجد لنفسه صديقة أخرى، وأنا من تحمّل العواقب.

تسبّبتُ بانتشار قذارة نمرود في كلّ أنحاء الصفّ؛ الأمر الذي اضطرّ الأستاذة إلى استدعاء السيّد ميكس لتنظيف الأرض، فأخذ يرمقني شزراً، الأمر الذي أفقدني تركيزي على الاختبار.

وبعد انتهاء الحصّة، ذهبت إلى مكتب الاستعلامات لأرى إن كان باستطاعتهم فعل أيّ شيء، لمساعدتي. عندها، طلبت منّي أمينة سرّ المدرسة البحث بين الأغراض الضائعة عن حذاء، بديل. غير أنّني لم أجد شيئاً يناسب قدمي سوى حذاء شتوي يخصّ إحدى الفتيات.

في تلك اللحظة، خرج الأستاذ نيرت من غرفة الأساتذة، فسألَته أمينة السرّ عما إذا كان يملك بالصدفة حذاءً احتياطياً. فأجاب بأنّ لديه بالفعل حذاءً إضافياً في مكتبه، وذهب ليحضر لي فردة منه.

لم ألاحظ من قبل أنّ قدمَي الأستاذ نيرت عملاقتان. وآمل ألّا أضطرّ - لمجرّد أنّه أعارني حذاءه - إلى لعب الداما معه كلّ يوم خلال الاستراحة.

بما أنّني لم أعد أمضي وقتي مع رولي بعد المدرسة، أصبح لديّ الكثير من وقت الفراغ. لكنّ التجربة علّمتني أنّه لا ينبغي للمرء أبداً إخبار أمّه بأنّه لا يجد ما يفعله.

وهكذا، صرت أخرج من البيت بعد المدرسة لأتجنّب الأعمال المنزلية. وقد قالت لي أمّي إنه عليّ «توسيع نشاطاتي»، ومحاولة إيجاد أصدقاء جدد في الجوار. غير أنّ الخيارات في الحيّ الذي أعيش فيه ضيّقة جدّاً.

فعلى مسافة بضعة منازل يعيش أولاد أسرة لاسكي. وفكرتهم عن التسلية تتمثّل في خلع ملابسهم والمصارعة في باحة المنزل.

وفي الجهة المقابلة، يعيش ولد يدعى ميشال فلامر، وأعتقد أنّه يصغرني بعام أو عامين. لكنّني لا أعرف شكله إطلاقاً، لأنّني لم أرَه يوماً من دون خوذة الدرّاجة النارية.

وعلى مسافة عدّة منازل إلى اليمين، يعيش إريك هولبرت الذي تمّ طرده منذ ثلاثة أسابيع بسبب اقتحامه المدرسة وتخريبه إياها.

ولم يُجدِه الإنكار نفعاً.

كما يعيش فريغلي على مسافة بضعة منازل من منزلي. ويمكنني القول إنّ الحسنة الوحيدة الناجمة عن مشكلتي هي أنّني لم أعد مضطرّاً إلى المرور من أمام منزل فريغلي في طريقي لرؤية رولي.

لسوء الحظّ، تحاول أمّي دائماً تحديد "يوم للعب" لنا أنا وفريغلي . إذ تقول إنّها تشعر بالأسى عليه لأنّه يبدو "ولداً وحيداً".

أتمنّى حقّاً لو تكفّ أمّي عن قول أشياء كهذه، لأنّها تشعرني بالذنب . وصدّقوني، أنا أشعر أساساً بما في يكفي من الأسى كلّما رأيت فريغلي في الملعب.

لكن، خطرت ببالي اليوم فكرة جنونية حقّاً. إذ أدركت أنّني إن صادقتُ فريغلي فقد أتمكّن من تحويله إلى الصديق الذي أريده تماماً.

إذ يمكنني في الأساس أخذ كلّ الأشياء التي تعجبني في دولي وتعليم فريغلي كيفيّة القيام بها. هذا بالإضافة إلى ما يمكن أن يتمتّع به فريغلي من صفات إضافية.

وكنت قد لاحظت في مدرستي أنّ الأولاد الأكثر شعبية يتمتّعون بحسّ الفكاهة. فمن بين أصدقاء برايس أندرسون، هناك ولد يُدعى جيفري لافلي، وأؤكّد لكم أنّ الترويح عن النفس هو الهدف الوحيد من بقائه في حاشية برايس.

وبما أنّ حسّ الفكاهة لا يجذب الفتيات، لن يشكّل فريغلي أيّ تهديد بالنسبة إليّ.

المهمّ أن يعتقد الجميع أنّ فريغلي يتعمّد إضحاكهم، لأنّه من الصعب التأكّد من ذلك.

اليوم خلال فرصة الغداء، ذهبت للبحث عن فريغلي ودعوتُه للجلوس إلى طاولتنا. كان موقعه في صفّ الانتظار بعيداً، إذ وجدته في الرواق جالساً على الأرض بالقرب من حمّام الصبيان.

لحسن الحظّ، فريغلي نحيل جداً، لذا تمكّنّا في حشره بيننا. بادئ ذي بدء، أخبرته عن كيفية سير الأمور، ولا سيّما في ما يتعلق بقانون الثواني الخمس.

وكنت في خضمّ الحديث عن الحقّ بالمطالبة بقطعة طعام لا تنتمي إلى الشخص المُطالِب بها، عندما انقضّ فريغلي على قطعة رقائق البطاطا التي أحملها من دون سابق إنذار.

عندها جنّ جنوني، وقلت له إنّه إن استمرّ بارتكاب مثل هذه الحماقات، فما عليه سوى العودة إلى مكانه على الأرض في الرواق.

ثم شرحت له بأنّه يجب أن يُسقط أحد ما شيئاً من طعامه على الأرض قبل أن يكون لنا الحقّ في المطالبة به. فبدا أنّه فهم، كما حاول الاعتذار أيضاً، لذلك أعتقد أنّه حقّق تقدّماً.

وبينما كان فريغلي يتناول الغداء، استرقت نظرة إلى دفتره لأرى إن كان خطّه المائل مرتّباً. ولكنّني حين رأيت محتويات الصفحة الأولى، تمنّيت لو أنّني لم أفعل.

بعد المدرسة، سألت فريغلي عمّا إذا كان يرغب
في مرافقتي في طريق العودة إلى البيت. وشرحت
له أنّني أريد منه استطلاع الطريق لتجنب قذارات
الكلاب، وأنّه يجب عليه أن يجرّ حقيبتي بدلاً عنّي
من وقت إلى آخر. فبدا فريغلي متلهّفاً للمساعدة،
وبدأت الأمور تسير بسلاسة.

غير أنّني شَردت، فلم أجتزِ الطريق إلى الجهة
المقابلة عندما مررنا بغابة أولاد مينغو. وما كان
من المجموعة بأكملها إلّا أن انطلقت تجري في
أعقابنا.

وأخيراً، نجونا منهم حين وصلنا إلى آخر شارعنا. لكن، عندما أعاد إليّ فريغلي حقيبتي، وجدتها خالية تقريباً.

سألت فريغلي عمّا حلّ بكتبي، فأجابني بأنّه رماها بينما كان أولاد مينغو يطاردوننا. وعندما سألته عن سبب قيامه بذلك، قال إنّه أمل أن يتوقّفوا لقراءتها.

وهكذا، كان اليوم الأوّل كارثياً نوعاً ما. إلّا أنّ فريغلي مشروع طويل الأمد، ومن الأفضل أن أعدّ نفسي لبعض المفاجآت خلال ذلك.

<u>الخميس</u>

هذا الصباح، كان يفترض بنا أنا وفريغلي الذهاب إلى المدرسة معاً. لكن الساعة كانت قد صارت 8:30 ولم يكن قد حضَر بعد. لذا، ذهبت إلى بيته وقرعت الباب.

لم يجبني أحد، وكنت على وشك الانصراف إلى المدرسة بمفردي عندما سمعت أصواتاً في الداخل، كما لو أنّ كرة بولينغ تتدحرج على السلّم. وأخيراً فُتح الباب، وظهر فريغلي أمامي.

قال فريغلي إنّه ارتدى قميصه رأساً على عقب عن طريق الخطأ فعلق فيه . وهذا يعني أنّ مهمّة إنقاذه قد وقعت على عاتقي .

في البداية، شعرت بالضيق . ولكنّني سرعان ما أدركت أنّ هذا النوع من الحوادث قد يجده الآخرون مضحكاً.

لذا اصطحبت فريغلي إلى طاولة الفتيات في فرصة الغداء، وطلبت منه تكرار مشهد القميص ذاك .

ولكن للأسف، يبدو أنّنا اخترنا الطاولة الخاطئة. فحتّى الابتسامة لم تعرف طريقاً إلى وجه أيٍّ من أولئك الفتيات.

سألت فريغلي إن كان يعرف نكاتاً مسلّية فنفى ذلك. عندئذٍ، سألته إن كان يُجيد القيام بأيّ خدعة.

أخرج حبة علكة، ثم خلع قميصه ووضع العلكة في سرّته. لم أفهم المغزى من ذلك، لذا قرّرت الابتعاد عنه بضع خطوات. عندئذٍ، ومن دون مزاح، بدأ بمضغها.

لا أعرف إن كانت تلك الحركة قد أثارت إعجاب الفتيات، إلّا أنّها أعجبتني حتماً. ثمّ قال فريغلي إنّه سينفخ بالوناً، وكان لا بدّ لي من رؤية ذلك.

لكن، كان عليّ أن أعرف أنّه من غير الممكن فيزيائياً نفخ بالون من العلكة بواسطة السرّة.

انتشر خبر موهبة فريغلي في أنحاء المقهى بسرعة البرق، فتجمّع بقيّة أولاد صفّنا حول طاولتنا طوال فرصة الغداء لرؤية ما يستطيع فريغلي مضغه بسرّته أيضاً.

في الواقع، ازدحمت الطاولة كثيراً، حيث لم أعد أجد مكاناً لأجلس فيه.

وهكذا، بينما كان فريغلي يستمتع بكونه محطّ الاهتمام، جلست في الرواق خارج المقهى أتناول غدائي.

وهذا يُثبت أنّكم مهما حاولتم أن تكونوا لطفاء مع بعض الناس، فسيُديرون لكم ظهورهم ما إن تتسنّى لهم الفرصة.

<u>الجمعة</u>

مع كلّ ما كان يجري في المدرسة، كنت متلهّفاً لحلول عطلة الربيع. فأنا أظنّ أنني أحتاج حقّاً إلى أسبوع من الراحة.

غير أنّ خطّتي لتمضية أسبوع بعيداً عن التوتّر ذهبت أدراج الرياح. فعندما سأل أبي أمّي عمّا سنفعله في عطلة الربيع، قالت إنّ أسرتها آتية لتمضية العطلة معنا.

صدمني الخبر تماماً، ومن الواضح أنّه ترك الأثر نفسه على أبي.

لا تخبرنا أمّي بتاتاً متى ستأتي أسرتها لزيارتها؛ لأنّها تعرف أنّنا سنتوارى عن الأنظار إن حذّرتنا مسبقاً.

وبما أنّ معظم أقرباء أمّي يعيشون على مسافة بعيدة جدّاً، لذلك نادراً ما كنّا نراهم. وهذا الوضع يناسبني؛ لأنّني كلّما التقيتهم، احتجت إلى فترة نقاهة طويلة.

أنا واثق أنّ معظم الأسر لديها مشاكلها. ولكن حين يتعلّق الأمر بأسرة أمّي، فإنّ الدراما تتضاعف.

فلدى أمّي أربع شقيقات، ولكنهنّ شديدات الاختلاف عن بعضهنّ، حيث يتساءل المرء عن كيفية نشأتهن تحت سقف واحد.

الخالة كاكي شقيقة أمّي الكبرى، وهي غير متزوّجة، وبالتالي ليس لديها أولاد. وهذا من حسن حظّها على الأرجح، لأنّه من الواضح أنّها لا تحبّ الأولاد.

ففي أحد الأيّام، أتت الخالة كاكي لتمضية بضعة أيّام معنا عندما كنت صغيراً. وقد خرجت أمّي لبعض الوقت وتركتني معها. غير أنّني لا أظنّ أنّه كان قد سبق لها أن أمضت وقتاً بمفردها مع ولد من قبل، لأنّها بدت متوتّرة طوال الوقت.

وأظنّ أنها اعتقدت أنّني قد أكسر شيئاً، لذلك قامت على الفور بإبعاد كلّ الأشياء القابلة للكسر عن متناول يدي. بعد ذلك، وقفت أمامي وراحت تراقبني للتأكّد من أنّني لن ألمس شيئاً.

بعد ساعة تقريباً، قالت الخالة كاكي إنّ الوقت قد حان لآخذ قيلولة. فحاولت إخبارها أنّني لم أعد أنام حقّاً في النهار، إلّا أنّها قالت إنّه من المعيب الرّدّ على الكبار.

ثم قالت إنّها ستقوم بكيّ بعض الملابس في الطابق السفلي، وإنّها ستعود لإيقاظي بعد بضع ساعات.

وبعد ذلك أطفأت المصباح. لكن قبل أن تُغلق الباب قالت:

ما كانت فكرة لمس المكواة لتخطر لي على بال لو لم تضعها الخالة كاكي في رأسي. لذا لم أستطع الكفّ عن التفكير فيها. وهكذا، تسلّلت بعد ساعة إلى الطابق السفلي كما لو أنّني في مهمّة سرّية.

وجدت الخالة كاكي في غرفة الجلوس تشاهد التلفاز، واضطررت إلى المرور قربها للوصول إلى غرفة الغسيل.

وما إن دخلت غرفة الغسيل حتّى سحبت كرسياً صغيراً تستخدمه أمّي للوصول إلى الأماكن العالية، وألصقت كفّي بأكملها بالمكواة.

لا تسألوني عمّا حلّ بي حينذاك، غير أنّني أصبحت بحرف من الدرجة الثانية، ولم تعد أمّي تثق بتركي مع الخالة كاكي بعد تلك الحادثة. على أيّ حال، لا أظنّ أنّ خالتي قد انزعجت من ذلك.

شقيقة أمّي الصغرى هي الخالة غريتشن، وتُعتبر نقيض الخالة كاكي تماماً. إذ تملك الخالة غريتشن ولدين يُدعَيان مالفين ومالكولم، وهما عفريتان صغيرتان. وفي الواقع، كانا خارجَين عن السيطرة كلياً، لدرجة أنّ الخالة غريتشن اعتادت على ربطهما بمقودَين للأطفال.

في إحدى المرّات، عندما أتت الخالة غريتشن وولداها لزيارتنا، أحضروا معهم حيواناتهم الأليفة. فتحوّل منزلنا إلى حديقة للحيوانات.

وحين سافرت الخالة غريتشن في رحلة سياحية لبضعة أيّام، طلبت منّا الاعتناء بولديها وحيواناتها. غير أنّ الأمور خرجت عن السيطرة تماماً عندما أنجبت أرنبتها مجموعة من الأرانب الصغيرة قبل يومين من عودتها.

101

استاء أبي من ذلك الوضع كثيراً، لا سيّما وأنّ الخالة غريتشن كانت قد أخبر تنا أنّ الأرنبة ذكَر.

في الحقيقة، يمكنني التعامل مع حيوانات الخالة غريتشن، أمّا ولداها فهما مسألة أخرى.

ففي تلك الزيارة نفسها، خرج مالفين ومالكولم للعب بصخرة أو بقطعة إسمنت أو شيء، من هذا القبيل في باحة المنزل.

أعترف أنّني ارتكبت بعض الحماقات في حياتي، ولكنّني لا أظنّ أنّني فعلت يوماً شيئاً بمثل هذا الغباء.

وسرعان ما اصطحبت أمّي مالفين إلى غرفة الطوارئ للاهتمام بالشقّ الذي أصاب جبينه، وتولّينا نحن مسؤولية مالكولم.

في غياب أمّي، تمكّن مالكولم بطريقة ما من الوصول إلى عدّة الحلاقة. وعندما عثرنا عليه، كان قد فات الأوان.

لذا، حين أخبرتنا أمي بمجي، أفراد عائلتها لزيارتنا في عطلة الربيع، قال أبي إنّه سيذهب للإقامة في أحد الفنادق إن كانت الخالة غريتشن وولداها سيمكثون معنا هذه الفترة، لكنّ أمّي قالت إنّنا أسرة وعلينا البقاء معاً.

أنا واثق بأنّ الخالة فيرونيكا لن تكون موجودة في عطلة الربيع. فهي لم تحضر أي مناسبة عائلية منذ خمس سنوات تقريباً، أو على الأقلّ ليس شخصياً. في الحقيقة، أظنّ أنّ تواجدها مع العائلة يُسبّب لها التوتّر، ولذلك لم تكن تشارك في المناسبات الكبيرة إلّا عبر الاتصال الفيديوي.

في الواقع، لا أظنّ أنّني التقيتها وجهاً لوجه منذ أن كنتُ في الثالثة أو الرابعة.

في صيف أحد الأعوام، اجتمعنا كلّنا لحضور حفل زفاف أقيم في الحديقة. دام الاحتفال لمدّة ساعتين تقريباً، وكان الطقس حارّاً جدّاً. لكنّني واثق أنّ الخالة فيرونيكا كانت تتسلّى بألعاب الفيديو على جهاز الكمبيوتر طوال الوقت.

أمّا الخالة التي لم أتحدّث عنها بعد فهي الخالة أودرا. وهي من أولئك الأشخاص غريبي الأطوار المهووسين بمشاهدة ألعاب الخفة، والذين لا يستطيعون اتخاذ قراراتهم من دون مساعدة.

أنا متأكّد من ذلك لأنّني أمضيت معها أسبوعين في العطلة الصيفية منذ بضعة أعوام.

وعندما اكتشفت أمّي أنّ الخالة أودرا تصطحبني معها إلى عروض لاعبي الخفة، لم يسرّها ذلك. وقالت لي إنّ تلك العروض مجرّد حيل، وإنّ الخالة أودرا تبدّد أموالها سدى.

لكن، كان لديّ إحساس مُسبق بأنّ أمّي ستقول لي شيئاً كهذا.

لا أدري ما هو التدريب الذي يخضع له المرء، ليصبح لاعب خفة. لكن إن لم يكن ذلك يشتمل على الكثير من العمل، فإنّني أرى فيه مساراً مهنياً مناسباً لي تماماً.

يفاجئني أن يكون هذا رأي أمّي في ألعاب الخفة،
لأنّها تقول دائماً إنّ جدّتي تتمتّع بالقدرة على
ممارسة هذه الألعاب. غير أنّني لست واثقاً من مدى
دقّة كلامها. لكن في حال صحّ ذلك، فإنّ جدّتي لا
تستخدم أقصى إمكاناتها.

بصراحة، لا أدري إن كنت أصدق تلك الخدع
البصرية أنا نفسي، لكنّني متأكّد من أنّها لم
تساعدني في شيء، البتّة.

فعندما كنت في الثامنة من عمري، ذهبنا في
مخيّم عائلي وتوقّفنا عند متجر يبيع شتّى أنواع
التذكارات والحلي.

وقد أعطاني أبي حينها ثلاثة دولارات، فأنفقتها كلّها على شراء ورق للعب يفترض به أن يساعدني في تعلم ألعاب الخفة، بالإضافة إلى علاقة مفاتيح على شكل ذيل أعجبتني .

لكن في تلك الرحلة، أصبت بالتسمّم ولويت كاحلي، فلم أتمكن من اللعب بالورق، وتخلّصت منه في أوّل فرصة .

وقد أحسنتُ صنعاً، لأنّني لم أشعر بالارتياح لحملي ذاك الشيء، معي طوال الوقت على أيّ حال . فقد أدركتُ أنّني حتّى لو تمكنتُ من خداع أحدهم، فلن أتمكن من جني الكثير من المال بفضل تلك الألعاب كما كنت أظن .

كلّما ترك أبي جريدته على الطاولة قرأت صفحة التوقعات. لكنّني لم أجد فيها إطلاقاً معلومات يمكنني الاستفادة منها فعلاً.

عندما يتراصف زحل مع المشتري، احذر غريباً يحمل أخباراً سيّئة. في هذه الأثناء، ثمّة شخص كنت تهتمّ لأمره في الماضي معجب بك الآن. أرقام حظّك 1، و2، و4، و5، و7، و126.

أمّا كعك العبر والنصائح الصيني فهو أقلّ حماسة. فقد اعتدنا على تناول العشاء في المطعم الصيني في وسط البلد، وكنت أتحمّس دائماً لأفتح كعكتي وأرى النصيحة التي تخبئها لي.

لكنّ هذا ما وجدته فيها آخر مرّة-

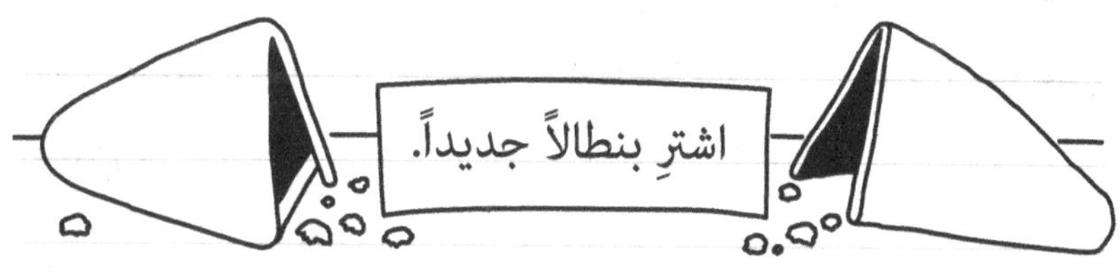

أعني، من كتب تلك النصيحة لم يبذل أيّ جهد حقّاً.

في الواقع، أنا بحاجة إلى شيء، ما يُخبرني بما يجدر بي فعله من دون أن أضطرّ إلى التفكير كثيراً. فحتّى هذه اللحظة، كنت أتّخذ قراراتي بنفسي، ولست مسروراً من النتائج كثيراً.

<u>الأربعاء</u>

كنت أتوق كثيراً إلى مجيء أسرة أمّي إلى البلدة، لأنّ تلك الزيارة كانت وسيلة جيدة لأجني بعض المال.

ففي إحدى المرّات، جلست إلى طاولة المطبخ لأرسم، فقالت لي أمّي إنّه يجدر بي بيع رسومي لأفراد الأسرة.

وقد نجح الأمر فعلاً. إذ رحت أرسم صورة منزل أو سلحفاة، ثمّ أبيعها لأحد أفراد الأسرة مقابل خمسة دولارات.

وفي الأسابيع السابقة للعطل الكبيرة، كنت أرسم بأسرع ما يمكنني لكي أحضّر مجموعة كبيرة من الرسوم قبل وصول أقربائي. وفي إحدى المناسبات، رسمت عدداً كبيراً من الصور حيث جمعت ثمانين دولاراً.

في الواقع، كان من السهل عليّ جني المال من فنّي، حيث ظننت أنّ الأمور ستستمرّ على هذا المنوال لبقيّة حياتي .

لكن، ما إن كبرت قليلاً حتّى أصبح الأقرباء الذين كانوا يتهافتون على رسومي في صغري يجدون صعوبة في إخراج محافظهم .

ولا أعرف إن كان سبب ذلك هو عرضي أعمالي على الأشخاص أنفسهم، أو لأنّني ضاعفت أسعاري .

لكن ما إن بدأماني ببيع رسومه حتى تحوّل أقربائي فجأة إلى صرّافات بشرية.

دعوني أخبركم أمراً، إنّ رسم الصورة يستغرق منّي الكثير من الوقت والجهد، في حين أنّ ماني يخربش خمسة عشر رسماً في لحظات، ولا تسألوني عمّا يعبّر عنه نصف تلك الرسوم.

في الواقع، هذا خير دليل على أنّ بعض الناس لا يتمتّعون بالذوق حين يتعلّق الأمر بالفنّ.

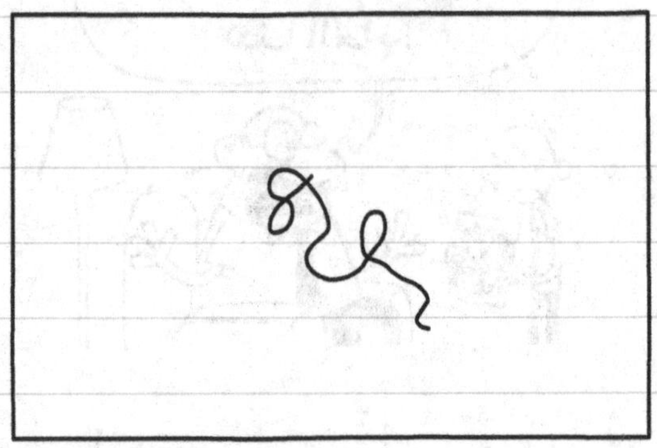

<u>الخميس</u>

هذا العام أيضاً سنحتفل بشمّ النسيم في منزل جدّتي. وهذا من سوء حظّي، لأنّ منزل جدّتي غير مناسب للأطفال كثيراً. فأقرب شيء، إلى الدمى هناك هو هذا الفيل المحشوّ المدعوّ إيلي.

قامت جدّتي بشراء الدمية إيلي لكلبنا القديم سويتي الذي يعيش معها الآن .

غير أنّ سويتي نهش خرطوم إيلي وأذنيه وقوائمه من اليوم الأوّل ، فلم يعد من الممكن التعرّف عليه .

لذا، إن كنت ولداً فهذه هي وسيلة الترفيه الوحيدة التي ستحصل عليها في منزل جدّتي . ومقدار المرح الذي يمكنك أن تستمدّه من قارورة البولينخ المحشوّة محدود طبعاً .

ما كانت زيارة جدّتي لتكون مملّة لو أنّ سويتي ما
زال يلعب كعادته . لكنّ جدّتي أطعمته كمّية كبيرة
من طعام الكلاب وبقايا المائدة، حيث تحوّل إلى كرة
قدم ذات قوائم .

ناهيك عن أنّها تلبسه ثياباً الآن ، كما لو أنه إنسان
صغير ، لذلك أظنّ أنّه بات يعاني من الاكتئاب .

من وقت إلى آخر ، حين نذهب لتناول العشاء في
منزل جدّتي، نحاول أن نمرح مع سويتي قليلاً على
أيّ حال .

وفي إحدى الليالي ، لاحظنا أنّنا إن تسلّلنا من خلفه
أثناء نومه وأصدرنا صوتاً خافتاً، فإنّه يرفع أذنيه
عالياً.

ثمّ يبدأ بهزّ مؤخّرته لخمس دقائق قبل أن يعاود
النوم.

رحنا نكرّر ذلك، وفي كلّ مرّة يكون ردّ فعل سويتي
نفسَه بالضبط. لكن في إحدى الليالي، أراد أبي أن
يجرّب، فأتت النتيجة عكسيّة تماماً.

رغم أنَّ منزل جدّتي مملّ، إلّا أنّنا كنّا نمرح كثيراً حين نجتمع في منزلها للاحتفال بشمّ النسيم. فعندما كانت الجدّة الكبرى ميماو لا تزال على قيد الحياة، كنّا نمضي وقتاً ممتعاً في البحث عن الهدايا المخبأة، وهذا تقليد متّبع في عائلتنا عند الاحتفال بهذه المناسبة.

ميماو

كانت ميماو والدة جدّتي. ومع احترامي الشديد لميماو، إلا أنّني إن رُزِقت بأحفاد يوماً ما، فأنا من سيختار الاسم الذي سينادونني به، وليس هم.

وسأختار اسماً تقليدياً مثل "جدّي"، لأنني لا أريد أن يُلصقوا بي لقباً سخيفاً في ما تبقى من حياتي.

أنـا واثـق بـأنّ جـدّي الأكـبـر كـان يتمنّى لو كـان باستطاعته تغيير اسمه، ولكنّه بلغ الآن الثالثة والتسعين من عمره، ولم يعد ذلك مجدياً.

على أيّ حال، كانت ميماو هي المسؤولة عن وضع الهدايا في علب كروية بلاستيكية من أجل الاحتفال العائلي بشم النسيم. وقد كانت تملأها بأشياء مثل السكاكر والنقود المعدنية، وتضع فيها من وقت إلى آخر ورقة من فئة خمس دولارات.

وبعد أن تملأها، كانت تخبّئها في منزلها وفي حديقتها.

لذا، بعد الغداء، كنّا نحن الأولاد نخرج إلى حديقة جدّتي مستعدّين لملء سلالنا بالكرات التي نعثر عليها.

غير أنّ ميماو كانت تبالغ كثيراً في مسألة الهدايا، وكانت تُخبّئ عدداً كبيراً من الكرات، أكثر ممّا يلزم. في الواقع، أنا واثق من أنّكم إن خرجتم الآن إلى حديقة جدّتي، فستعثرون على الكثير من الكرات الكافية لملء سلة.

في بعض الأحيان، كنت أعثر على كرة بلاستيكية في إحدى الخزائن، أو بين وسائد الأريكة. ومنذ بضعة أسابيع، طرأ عطل في حمّام جدّتي، وفيما كان أبي يحاول حل المشكلة عثر على كرة بلاستيكية وردية اللون في خزّان المياه الذي كانت تعوم فيه على الأرجح منذ سنوات.

مع تقدّم ميماو في العمر، لم يعد تركيزها حادّاً كما كان في السابق. لذا، صارت تضع أشياء غريبة في العلب البلاستيكية كجوائز.

وهكذا، عثرت في إحدى السنوات على حبّة فاصولياء خضراء، وغطاء قارورة، ومشبك أوراق في علب الهدايا التي جمعتها. وكان ذلك في العام نفسه الذي فاز فيه ماني بخيط أسنان في إحدى الكرات التي وجدها في الحديقة.

كما أثبتت لي التجربة أنّ المنديل الورقي المستعمل يُصدر صوتاً شبيهاً تماماً بورقة خمسة دولارات حين يوضع في كرة بلاستيكية.

آخر بحثٍ عن علب الهدايا البلاستيكية قمنا به حصل في العام الذي توفيت فيه ميماو. وفي الجنازة، لاحظت أمّي أنّ ميماو لم تكن ترتدي خاتم زفافها الألماسي.

عندها، أُصيب الجميع بالذعر، لأنّ ذلك الخاتم تتوارثه الأسرة منذ ثلاثة أجيال، ومن الواضح أنّه يساوي الكثير من المال.

بعد الجنازة، ذهب أفراد الأسرة إلى دار العجزة الذي كانت ميماو وبيباو يعيشان فيه وقلبوا المكان رأساً على عقب، لكنّهم لم يجدوا أثراً للخاتم.

وما حدث بعد ذلك كان شنيعاً. فقد اتّهمت الخالة
بياتريس شقيقتها الخالة مارتا بالاستيلاء على
الخاتم. ثمّ قالت الخالة غريتشن إنّ ميماو وعدتها
بالخاتم، لذلك إن عثر عليه أحد، فعليه تسليمها
إياه على الفور.

وسرعان ما نشبت الشجارات بين أفراد الأسرة.

إذاً، هذا هو ما آلت إليه الأمور في آخر اجتماع لنا.
ولهذا السبب على الأرجح، لم نجتمع في مكان واحد
منذ ذلك الحين.

أعتقد أنّ حادثة الخاتم سبّبت لأمّي صدمة عميقة؛ إذ قالت إنّها تتمنّى ألّا يعثر أحد على خاتم ميماو، وإلّا فإنّ الأسرة بأكملها ستتفكّك.

لكن، إن كان هذا يعني عدم مجيء الخالة غريتشن وولديها لزيارتنا بعد اليوم، فلا مانع عندي بتاتاً.

<u>الأحد</u>
أنا أحبّ الكريسمس أكثر من شمّ النسيم.

ففي الكريسمس، ما إن نرجع إلى المنزل حتّى نخلع الملابس الرسمية.

أمّا في مناسبة شمّ النسيم، فيجب البقاء بالملابس الرسمية طوال اليوم، أو على الأقلّ هذا ما تفعله أسرتي. اليوم، ذهبنا مباشرة إلى منزل جدّتي، وكانت ربطة عنقي تثير جنوني أساساً.

كنت أخشى أن تُستأنف الخلافات من حيث توقّفت بعد جنازة ميماو، لكن عندما وصلنا، بدا لي أنّ الجميع قد تجاوزوا المسألة.

لم أشعر بالارتياح يوماً عند دخولي غرفة مليئة بالأقارب. أعرف أنّني أرى أولئك الأشخاص مرّة أو مرّتين في العام، ولكنّهم كثر، حيث أعجز عن تذكّر أسماء الجميع، علماً أنّهم يتذكّرون على ما يبدو كلّ شي، عنّي.

أحاول دائماً المرور بأسرع ما يمكن من أمام الأقرباء المحتشدين في المدخل، وإيجاد مكان أقلّ ازدحاماً.

أمّا الاستراتيجيّة التي يعتمدها ماني كلّما كنّا في اجتماع للأسرة فتقوم على الادّعاء بأنّه لا يتكلّم بعد . وأقرّ بأنّني أشعر بشيءٍ من الغيرة منه، وأتمنّى لو أنّ هذه الفكرة قد خطرت لي منذ زمن طويل .

لم آكن أعتقد أنّ الكثير من الأشخاص سيحضرون بعد مشكلة الخاتم الألماسيّ . ولكن في الحقيقة، بدا المنزل أكثر ازدحاماً هذا العام .

فبالإضافة إلى الخالات والأخوال الذين يحضرون هذه المناسبات، أتى حشد من أولادهم أيضاً.

وهـكـذا، أتـى قـريب أمّي جيرالد من كاليفورنيا. ويبدو أنّه عاش مع أسرتي لبضعة أشهر بعد ولادتي مباشرة، لأنّه لا يكفّ عن تذكيري بذلك كلّما رآني، وأتمنى أن يتوقّف عن ذلك.

كما جاءت قريبة أمّي مارتينا أيضاً، وهي التي لم تحضر اجتماعاً للأسرة منذ أن أصبحت ثرية وانتقلت إلى لاس فيغاس.

وبحسب القصّة التي سمعتها، ذهبت مارتينا في صباح أحد الأيّام لتتناول الفطور في مطعم أحد الفنادق، غير أنها لاحظت وجود قاعة أخرى تحتوي على المزيد من الطعام.

ولكنّها عندما شقّت طريقها متّجهة مباشرة إلى القاعة الأخرى، اكتشفت أنّه ما من قاعة أخرى.

ففي الواقع، كانت تلك مرآة طويلة تعكس القاعة التي كانت موجودة فيها أساساً.

أصيبت مارتينا بكسور، ورفعت دعوى على الفندق. لذا، أنا واثق بأنّها صاحبة سيّارة البورش المركونة في باحة منزل جدّتي.

وكان العمّ لاري حاضراً أيضاً. في الواقع، لا أعتقد أنّ هناك علاقة قرابة تجمعه بأحد من الموجودين، لكنّ شخصاً ما من العائلة دعاه إلى إحدى المناسبات العائلية مرّة، ولم يكفّ عن الحضور منذ ذلك الحين.

صحيح أنّ العمّ لاري لطيف، ولكنّه يحتلّ دائماً أفضل مقعد في غرفة الجلوس، ولا ينهض عنه إلى أن يحين وقت الرحيل.

أتت شقيقتا جدّتي هذا العام، رغم أنّهما لا تطيقان بعضهما. ومع أنّهما تتبادلان الهدايا سنويّاً، إلّا أنّني أعتقد أنّهما تفعلان ذلك فقط لترَيا من ستحضر الهدية الأكثر إذلالاً للأخرى.

عندما تكونون في منزل جدّتي للاحتفال بشمّ النسيم، فأمامكم ثلاثة خيارات لتشغلوا أنفسكم: إمّا أن تجلسوا في غرفة المعيشة وتشاهدوا لعبة الغولف على شاشة التلفاز مع الرجال، أو أن تذهبوا إلى المطبخ وتتحدّثوا مع النساء، أو أن تنزلوا إلى القبو وتلعبوا مع الأطفال.

غير أنّ أيّاً من هذه الخيارات لا يعجبني حقّاً. ولذلك، أحبس نفسي في الحمّام دائماً إلى أن يحين وقت الطعام.

131

أهمّ ما يحصل في احتفال شمّ النسيم هو الغداء. فقد اعتادت الأسرة بأكملها على الجلوس إلى مائدة واحدة طويلة في قاعة الطعام. ولكن مع ازدياد حجم الأسرة، أصبح أفرادها ينقسمون إلى كبار وصغار. وهكذا، صار الكبار يجلسون إلى المائدة في غرفة الطعام، فيما يجلس الصغار إلى مائدة المطبخ.

وقد صبّ هذا التغيير في مصلحتي، لأنّنا عندما كنّا نجلس معاً، كان الأمر ينتهي بي دائماً إلى جانب شخص مهتمّ بحياتي أكثر منّي بكثير.

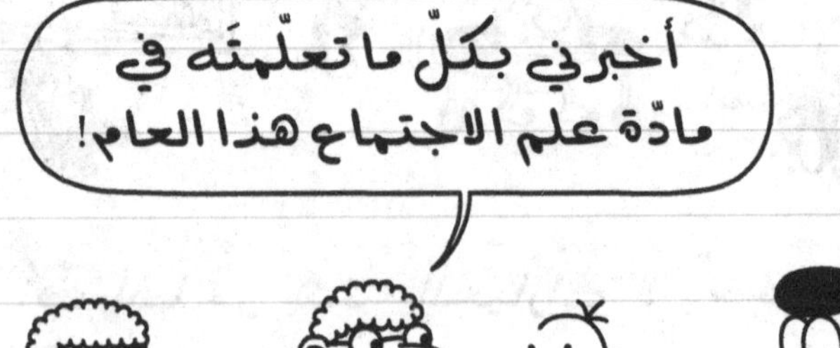

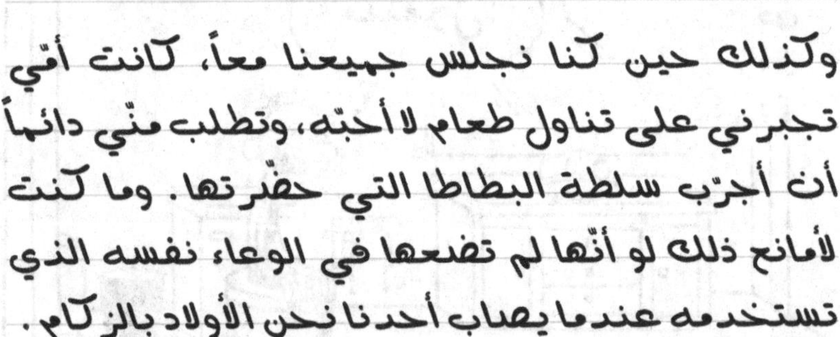

وكذلك حين كنا نجلس جميعنا معاً، كانت أمّي تجبرني على تناول طعام لا أحبّه، وتطلب منّي دائماً أن أجرّب سلطة البطاطا التي حضّرتها. وما كنت لأمانع ذلك لو أنّها لم تضعها في الوعاء نفسه الذي تستخدمه عندما يصاب أحدنا نحن الأولاد بالزكام.

في جميع الأحوال، لا أحبّ تناول الطعام في غرفة الطعام عند جدّتي، لأنّها رسميّة جدّاً، وتجعل الجميع حسب ما أعتقد يتصرّفون بجدّية.

فمنذ بضعة أعوام، علقت حبّة فاصولياء خضراء على جانب شفة بيباو طوال وجبة الغداء تقريباً. وكان هذا مضحكاً بحدّ ذاته، غير أنّها عندما سقطت في كوبه، كان لا بدّ لي من الضحك.

حينها ظننت أنّ الجميع سيضحكون أيضاً، لكنّ أحداً منهم لم يفعل ذلك، بل رمقني أبي شزراً. فما كان منّي إلّا أن أخفضت رأسي بخجل واستأنفت تناول طعامي.

ومنذ ذلك الحين، كلّما حدث شي، مضحك خلال وجبة الطعام، أبذل ما في وسعي لأمنع نفسي من الضحك. فأقرص ساقي، أو أعضّ على شفتي بقوّة، لكنّ هذا لا يكفي أحياناً.

ففي إحدى المرّات، عندما قام بيباو بالنفخ على شموع كعكة ذكرى ميلاده لإطفائها، طار طقم أسنانه من فمه.

عندها، حاولت السيطرة على نفسي جيّداً لكي لا أضحك، لدرجة أنّني شعرت بأنّ شرياناً قد ينفجر في رأسي، أو أنّ إحدى عينيّ ستخرج من محجرها.

كما أنّني كنت قد ارتشفت للتوّ بعضاً من الحليب بالشوكولاته، فرحت أحاول جاهداً لكي لا أبصقه في طبقي .

حاولت التفكير في أمر محزن حقّاً، لكن لم يخطر ببالي سوى سويتي بسترته الصغيرة . ثمّ جرّت تلك الفكرة أفكاراً أخرى، حيث فاق الأمر قدرتي على الاحتمال .

في الواقع، حين أفكّر في الأمر الآن، أعتقد أنّ تلك الحادثة هي التي تسبّبت بفصلنا نحن الأولاد عن مائدة الكبار .

لا أدري كيف تمّ تحديد الأشخاص المؤهّلين للجلوس إلى مائدة الكبار وأولئك الذين يجدر بهم الجلوس إلى مائدة الصغار، لأنّ الخال سيسيل اعتُبر كبيراً. أعرف أنّ الأمر يبدو كما لو أنّ الخال سيسيل كبير، إلّا أنّه في الواقع لا يتجاوز الثالثة أو الرابعة من العمر.

في الحقيقة، بدأت خالة أمّي ماريس بالاهتمام به وتربيته منذ بضع سنوات، وأعتقد أنّ ذلك يجعل منه خالي. لهذا السبب، تبدو الأمور غريبة أحياناً.

أعتقد أنّ المنطق يقول إنّ من يحتاج إلى مقعد أطفال ليس مؤهّلاً للجلوس إلى مائدة الكبار. غير أنّ الخال سيسيل يجلس في قاعة الطعام مع الكبار، فيما يُجبَر رودريك على الجلوس إلى مائدة الصغار، رغم أنّه يكاد يصبح رجلاً.

حرصت اليوم على الجلوس أبعد ما يكون عن مالفين ومالكولم. ولكن نتيجة لذلك، انتهى بي الأمر إلى جانب ابنة خالتي جورجيا التي تملك سنّاً مخلخلة جدّاً، كما لو أنّها معلّقة بخيط.

جورجيا

كانت سنّها على هذه الحال في آخر مرّة رأيناها فيها، أي منذ سنوات. ومع أنّ كلّ من في الأسرة يحاولون إقناعها بخلعها، إلّا أنّها ما زالت تتهرّب من القيام بذلك.

عندما كانت سنّي على وشك السقوط، ذعرت من فكرة السماح لأحد بخلعها. عندها، أمضت أمّي أسابيع وهي تحاول إقناعي بذلك، لكنّني خفت كثيراً. وأخيراً، قالت لي إنّني قد أبتلعها إن سقطت أثناء نومي، وإنّ هذا خطر جدّاً.

كنت أعرف أنّ هذا الكلام لا أساس له من الصحّة. فقبل أسبوع، ابتلع ماني لعبة على شكل سيّارة، وبقي على قيد الحياة.

بعد مدّة، طفح الكيل بأبي بسبب سنّي حسب ما أعتقد، لذا قرّر أن يتولّى المسألة بنفسه. وقد قال لي إنّه سيقوم بخدعة سحرية، ثمّ ربط خيطاً حول سنّي وربط طرفه الآخر بمقبض الباب. ولم أدرك حقيقة ما ينتظرني إلّا بعد فوات الأوان.

بعد مشاهدتي جورجيا وهي تحرّك سنّها بلسانها لمدة خمس وأربعين دقيقة اليوم، ذهبت إلى غرفة الجلوس لأنّني أعرف أنّ جدّتي كانت تحتفظ بخيطانها هناك.

وفوجئت لدى دخولي الغرفة بوجود نصف أفراد الأسرة الكبار فيها، وهم يتفرّجون على ألبومات الصور.

وممّا سمعته فهمتُ أنّ أحدهم قال للخالة أودرا إنّ خاتم ميماو الألماسيّ مخبّأ في أحد الألبومات، وحين سمع الباقون بذلك، هرعوا للتأكّد.

ثمّ قال أحدهم إنّ من أخبرهم بذلك ربّما لم يكن يعني أنّ الخاتم موجود في ألبوم للصور فعليّاً. عندها، بدأ الجميع يتأمّلون الصور على أمل العثور على أدلّة. وبعد برهة، لفت شيء ما انتباه العمّ لاري.

وكان العمّ لاري يُشير إلى صور تخصّ احتفال شمّ النسيم الماضي ؛ حين اجتمعنا كلّنا معاً . ففي إحدى تلك الصور ، كانت ميماو تضع خاتمها الألماسي ، ثمّ اختفى في الصورة التالية .

وضع الهدايا داخل
العلب البلاستيكية

مربّى التفّاح الشهير
الذي تعدّه ميماو

لم تكن المسألة بحاجة إلى عبقري لمعرفة ما حلّ بالخاتم . وبعد ربع دقيقة ، خرج الجميع إلى حديقة جدّتي بحثاً عن علب الهدايا البلاستيكية التي خبّأتها ميماو .

أعتقد أنّ الجميع قد أدركوا أنّه في حال كان الخاتم في إحدى تلك العلب البلاستيكية، فهو من نصيب من يجده. وقد حاولت أمّي دعوة الجميع للعودة إلى الداخل وتناول الحلوى، لكن لا حياة لمن تنادي.

فوجئت بعض الشيء، لدى رؤيتي مدى جشع أقاربي، لكنّني أقرّ بأنّ عدوى حماستهم قد انتقلت إليّ أيضاً. وبينما كان الجميع يبحثون عن علب الهدايا في الخارج، رحت أبحث عنها في الداخل.

لكن حين قبضت عليّ أمّي وأنا أقلّب الملابس الداخلية في درج خزانة جدّتي، أدركت أنّني بالغت قليلاً.

أعتقد أنّ الكيل قد طفح بأمّي بسبب تلك المسألة؛ لأنّها أخبرت الأسرة أنّنا عائدون إلى البيت.

وحسب ما أعرفه، لم يعثر أحد على الخاتم. لكن، فيما كنّا نغادر منزل جدّتي، كان بعضهم لا يزالون منهمكين بالبحث عنه.

عادة، عندما تأتي الخالة غريتشن وولداها لزيارتنا، كانوا يمكثون لمدة أسبوع. ولكنّهم هذه المرّة لم يمضوا معنا سوى يومين.

والسبب أنّه بعد ما حدث ليلة أمس، طلب منهم أبي الرحيل. فخلال العشاء، نفد من عندنا الكاتشاب. عندئذٍ، ما كان من مالكولم إلّا أن تناول الهاتف واتّصل بالطوارئ.

واستغرق حلّ المسألة ساعتين من التفاوض بين والدَيَّ والشرطة.

وبعد أن طرد أبي الخالة غريتشن وولديها، حزموا أمتعتهم وذهبوا إلى منزل جدّتي.

أنا واثق من أنّهم لم ينزعجوا من ذلك، لأنّ انتقالهم إلى هناك سيمنحهم المزيد من الوقت للبحث عن الخاتم .

سررت بذهابهم لأنّني استعدت سريري . ففي الليلتين الفائتتين، اضطررت إلى النوم في غرفة رودريك على مرتبة هوائية مثقوبة .

ومهما حاولت نفخها ليلاً، كنت أجد نفسي في الصباح ممدّداً على الأرض .

عندما استيقظت صباح أمس على الأرض في غرفة رودريك، رأيت شيئاً تحت سريره بينها كنت أرتدي ملابسي .

كانت واحدة من تلك الكرات العجيبة المسمّاة الكرة 8. أعتقد أنّ رودريك قد حصل عليها كهدية في أحد الأعوام، ولا بدّ أنّه نسي أمرها بعد أن تدحرجت تحت سريره.

فرحتُ كثيراً بالعثور على الكرة لأنّني لم أحصل قطّ على فرصة للعب بكرة مثلها من قبل.

أمّا طريقة اللعب بهذه الكرة العجيبة فتقوم على طرح سؤال، ومن ثمّ هزّ الكرة وانتظار ظهور الجواب في نافذة صغيرة خلفية.

تملّكني الفضول لمعرفة ما إذا كان الأمر ينجح فعلاً، لذا قررت أن أجرّب. فكّرت في سؤال وركّزت جيّداً، ثمّ قمت بهزّ الكرة بقوّة.

وبعد ثوانٍ، هذا ما ظهر في النافذة الصغيرة—

لا بدّ لي من القول إنّني أُعجِبت بها حقّاً. لكن، عليّ أن أطرح على هذه الكرة بضعة أسئلة أخرى للتأكّد من أنّها مفيدة فعلاً.

وفي كلّ مرّة، كانت الجواب يؤكّد ظنوني .

وحتّى عندما حاولت إيقاع الكرة في فخّ، أتى الجواب معقولاً جدّاً.

ثمّ أدركت أنّ هذه الكرة العجيبة لا تصلح فقط للإجابة عن الأسئلة، بل يمكنني أن أطلب منها النصيحة أيضاً.

وهكذا، بدأت أسأل الكرة 8 عمّا إذا كان يجدر بي الاستحمام، أو إذا كنت مضطرّاً حقّاً إلى إنهاء مشروع معرض العلوم. فحصلت على «نعم» بشأن مسألة النظافة، لكنّ الكرة حرّرتني من مشروعي تماماً.

أرأيتم؟ هذا ما كنت أحتاج إليه طوال حياتي. والآن، بعدما وجدت شيئاً يساعدني في اتّخاذ القرارات الصغيرة، بات بإمكاني التركيز على المسائل الهامّة.

تعلّمنا في المدرسة أنّ ألبرت أينشتاين كان يرتدي الملابس نفسها كلّ يوم لكي لا يضطرّ إلى هدر شيء من قدراته الدماغية على التفكير في ما يجب أن يرتديه.

وهذا بالضبط ما ستفعله هذه الكرة لي .

في الواقع، بعدما استعملت الكرة 8 ليوم واحد وحسب، لم أعد أدري كيف كنت أتدبّر أمري من دونها.

نيسان

<u>الخميس</u>

بعد أن لعبتُ بالكرة 8 لبضعة أيّام، اكتشفت أنّ قدراتها محدودة. لكنّ هذا لا يعني أنّني على استعداد للتخلّي عنها بعد. وقد حاولت الاستعانة بها في فروض الرياضيات عدّة مرّات، لكن تبيّن لي أنّها لا تصلح لإعطاء إجابات محدّدة.

وأحياناً، عندما تحتاج حقّاً إلى جواب من الكرة 8، فهي تتركك محتاراً تماماً.

ففي طريق العودة من المدرسة اليوم، لحق بي أحد أولاد مينغو حاملاً عصا. عندها، سألت الكرة العجيبة عما إذا كان يجدر بي الهرب أم القتال، وهززتها بقوّة.

ولكن لسبب ما، لم تتمكّن الكرة من اتّخاذ قرار واضح.

غير أنّ الكرة عوّضت عن هذا الفشل تماماً في وقت لاحق من ذلك اليوم. فقد قالت لي أمّي إنّني أمضي وقتاً طويلاً في المنزل، وإنّني بحاجة إلى الخروج منه وتنشّق الهواء.

وعندما غادرت أمّي الغرفة، سألت الكرة عمّا إذا كان يجدر بي الأخذ بنصيحتها، وما كنت لأحصل على جواب أكثر وضوحاً.

وهكذا، اختبأت في خزانة أمّي لأنّني أعلم أنّها آخر مكان قد تبحث فيه عنّي.

وبينما كنت مختبئاً هناك، لاحظت وجود مجموعة من الكتب على أحد الرفوف.

كانت الكتب مخبّأة خلف علب الأحذية، ما يوضّح أنّ أمّي لا تريد أن يعثر عليها أحد. في البداية، لم أفهم سبب احتفاظها بكلّ هذه الكتب في ظلام الخزانة عوضاً عن وضعها على رفّ المكتبة في العلن. لكنني عندما قرأت العناوين فهمت السبب تماماً.

لا بدّ أنّ هذه الكتب هي أسلحة أمّي السرّية، وهي لا تريد أن نعرف بشأنها نحن الأولاد.

تصفّحت عدداً منها، وكان بعضها شيّقاً فعلاً. إذ كان أحدها يتحدّث عن استخدام شيء يسمّى «علم النفس العكسي».

وبحسب الكتاب، تستطيع الأمّ جعل ابنها
الصغير يفعل ما تريده عبر توجيه الطلب إليه
بشكل معاكس. والآن، لدى التفكير في الأمر،
أرى أنّ والدَيّ قد استخدما هذه التقنية معنا
منذ الأزل.

حين كنت صغيراً، كنت أتوسّل إلى والـدَيّ لكي يسمحا لي بجلي الأطباق، ولكنّهما كانا يقولان لي إنّني ما زلت صغيراً على المساعدة.

وأخيراً، في ذكرى ميلادي الثامنة، سمحالي بتجفيف الأطباق، ففرحت كمن فاز بمليون دولار. والآن، بدأت أدرك أنّ الأمر برمّته كان خدعة، ولا بدّ أنّ رودريك قد وقع في الفخّ نفسه.

كانت ثمّة كتب تتناول جميع أنواع المشاكل التي قد يواجهها الأهل خلال تربيتهم أولادهم . لطالما تساءلت عن مصدر المشورة التي تحصل عليها أمّي ، والآن عرفت الجواب .

حين كنت في التاسعة من عمري ، وجدت يرقة تزحف على الدرج أمام باب المنزل ، فأسميتها دودة ، واحتفظت بها في مرطبان صغير ذي غطاء مليء بالثقوب .

كلّ يوم ، كنت أسمح لها بالخروج من المرطبان لكي تمرّن أرجلها .

في تلك الفترة، كان ماني قد بدأ يخطو أولى خطواته، وكان ذلك من سوء حظّ اليرقة.

حزنت عليها كثيراً. وفي تلك الليلة، جاءت أمّي إلى غرفتي للتحدّث إليّ.

وقالت لي إنّني لا يجب أن أحزن على الدودة لأنها عاشت لفترة طويلة، واستمتعت بأشعة الشمس، وتلذّذت بأكل أطنان من أوراق الشجر. ولا بدّ لي من الاعتراف بأنّ كلامها قد جعلني أشعر بالتحسّن فعلاً.

واليوم، عرفت بالضبط المصدر الذي أحضرت منه
أمّي تلك الفكرة.

بدا أحد الكتب المرصوصة على الرفّ في خزانة
أمي جديداً. وعندما سحبته، بدأت أمور كثيرة
تتّضح لي.

أجابت الكتب في خزانة أمّي عن بعض الأسئلة التي تناولت مواضيع كانت غامضة بالنسبة إليّ أيضاً. فعندما كنت في الروضة، كانت لديّ دمية محشوة تدعى تيكلز، وكنت أنام إلى جانبها كلّ ليلة.

وذات صيف، ذهبنا في عطلة إلى الشاطئ، فاصطحبتُ تيكلز معي. غير أنّنا عندما عدنا إلى غرفتنا في الفندق في أحد الأيّام، كان تيكلز قد اختفى.

عندها، قالت أمّي إنّه من المرجّح أن تكون عاملة التنظيف قد حملت تيكلز مع الملاءات عن طريق الخطأ. وهكذا، نزلنا إلى غرفة الغسيل لنرى ما إذا كان في إحدى الغسّالات.

لكنّه لم يكن هناك أيضاً. هذه المرّة، أصبحت بالهستيريا، فاقترحت عليّ أمّي كتابة لافتات لتعليقها في أرجاء الفندق.

وفي اليوم التالي ذهبنا إلى الشاطئ ، غير أنّني لم أمضِ وقتاً ممتعاً بسبب فقداني تيكلز .

لعب أبي بإحدى ألعاب الكارنفال ، وربح دمية محشوّة لتحلّ محلّ تيكلز ، ولكنّها لم تكن تشبهه .

حينها، لم يستمتع أحد منّا بالعطلة بسبب ضياع تيكلز، فعدنا إلى المنزل قبل يوم من نهايتها. وفور وصولنا تلك الليلة خلدتُ إلى النوم. وفي الصباح التالي، وجدت تيكلز جالساً على المنضدة.

عندها، قالت لي أمّي إنه لا بدّ أن يكون تيكلز قد عاد إلى البيت من تلقاء نفسه لأنّه يحبّني كثيراً. وهذا ما صدّقته لزمن طويل.

لكن خلف كتب أمّي ، عثرت الآن على خمسة قردة محشوّة تشبه تيكلز تماماً.

هذا يعني أنّ أمّي قد ذهبت لشراء مجموعة من القردة البديلة فوراً بعدما أضعت القرد الأصلي .

ومن يعلم أيّ نسخة عن تيكلز تقبع الآن على رفّ خزانتي .

في الواقع، لدى التفكير في الأمر الآن، أذكر أنّ أمّي اضطرّت إلى غسل تيكلز لأنّني سكبت عليه بعض الحليب بالشوكولاته . وعندما فتحت الغسّالة، بدا الأمر كمّا لو أنّ وسادة قد انفجرت فيها.

لكنني في تلك الليلة بعدما استحممت، وجدت تيكلز على سريري، كما لو كان جديداً. هذا يعني أنّ ذاك الموجود في غرفتي قد يكون من الجيل الرابع أو الخامس.

وهذا يفسّر أيضاً سبب نومي ماني كلّ ليلة مع عشرة ديناصورات محشوّة.

فقد كان يملك ديناصوراً واحداً يدعى ريكسي. لكن، لا بدّ أنّه اكتشف المجموعة الاحتياطية التي تخبّئها أمّي قبل أن أفعل ذلك بزمن طويل.

كنت أرغب في مواصلة استكشاف خزانة أمّي لأرى ما سأعثر عليه أيضاً، ولكنّني سمعتها تصعد السلّم، فاضطررت إلى الخروج من هناك.

أمّا الآن وقد اكتشفتُ أمر كتب تربية الأولاد التي تحتفظ بها أمّي، فعليّ أن أكون متقدّماً على أقراني خطوة. ويعود الفضل في ذلك كلّه إلى الكرة 8.

<u>الثلاثاء</u>

قرّرت الليلة أن أجرّب إحدى الخدع التي قرأت عنها في كتب أمّي على الكبار.

فقد مضت مدّة طويلة وأنا أطلب من أمّي وأبي هاتفاً خاصّاً بي. وكانت أمّي تجيبني دائماً بأنّني أملك واحداً، وهي تقصد بذلك هاتف الخنفساء الأقرب إلى كونه لعبة للأطفال.

وهكذا، بينما كنّا أنا ورودريك نغسل الأطباق هذه الليلة، جرّبت استخدام علم النفس العكسي على والدَيَّ.

لم أعرف ماذا كنت أتوقّع، ولكنّني صُدمت من مدى سرعة النتائج. فبعد ذلك فوراً، جاءت أمّي إلى غرفتي، وقالت لي إنّها قرّرت تغيير هاتفها، وإنّها ستعطيني هاتفها المستعمل.

ولكنّها قبل أن تسلّمني إيّاه طلبت منّي احترام "القواعد الأساسيّة". وقالت لي إنّه يجب عليّ مشاركته مع ماني لأنّه يستعمله في الألعاب التثقيفية والتعليمية.

كما قالت لي أيضاً إنّه من غير المسموح لي إرسال رسائل نصّية بواسطته لأيّ من أصدقائي .

في الواقع، لن تكون مسألة مراسلة أصدقائي مشكلة، لأنّني لا أملك أصدقاء حالياً. أمّا مشاركته مع ماني فمسألة أخرى .

إذ يحب ماني التقاط الصور بهاتف أمّي، ولكنّني لا أرغب حقًّا في اختلاط صوره مع صوري .

مع ذلك، فرحتُ كثيراً لأنّني وضعت يديّ على هاتف محترم .

أمضيت بعض الوقت في تبديل السمات الشخصية،
فغيّرت صورة الخلفية والرنّات. لكن في خضمّ ذلك،
وصلتني رسالة من جدّتي، وكان من الواضح أنّها
مرسلَة إلى أمّي.

أخبرتني أمّي أنّه من غير المسموح لي مراسلة
أصدقائي، ولكنّها لم تذكر شيئاً عن الأقارب.

بعدما حللت هذه المسألة، قمت بتنزيل مجموعة من الألعاب وبدأت أستمتع بها.

لكن، فيما كنت ألعب تلقّيت اتّصال فيديو من الخالة فيرونيكا.

آخر ما توقّعت رؤيته في خلوة حمّامي كان وجه الخالة فيرونيكا.

لذلك أعتقد أنّني معذور لأنّني فوجئت قليلاً.

أخرجت الهاتف من المرحاض، وبذلت كلّ ما في وسعي لتشغيله، ولكن من دون جدوى.

شعرت بالأسف على إتلافه، لكنّ ما يشفع لي هو أنّني حاولت تحذير والدَيّ من أنّني غير جاهز بعد لهذا النوع من المسؤوليات.

سئمتُ من الخوف على حياتي كلّما مررتُ بغابة أولاد مينغو، لكنّني لاحظتُ أنّ أولئك الفتيان لا يتعرّضون سوى للطلّاب العائدين إلى بيوتهم. لذا، قرّرتُ التأخّر في المدرسة.

هذا يعني أنّه عليّ إيجاد شيءٍ ما لتمضية الوقت هناك بعد انتهاء الدوام الدراسيّ. ورغم أنّ هناك مجموعة كبيرة من الأنشطة الطلّابية، إلّا أنّ أيّاً منها لم يُثر انتباهي حتّى الآن.

نادي التمثيل

نادي الرياضيات

نادي الشعر

نادي العلاقات الدوليّة

تأخّرت اليوم بعد المدرسة لأرى إن كنتُ سأجد شيئاً يناسبني .

بدا لي نادي الألعاب الإلكترونية ممتعاً، لكنّ الأستاذ نيرن هو الذي يديره، وقد سبق لي أن أمضيت معه ما يكفي من الوقت هذا العام .

ثمّة نادٍ لحرب الوسائد أيضاً، لكنّ نظرة واحدة إلى الغرفة التي يلعبون فيها كانت كافية لأعرف أنّه لا يناسبني .

ومن النوادي الأخرى الهامشية حقّاً، نادي الصداقة الذي افتُتح هذا الصيف.

كان من الصعب عليّ جدّاً أن أقرّر، لذلك تركتُ المسألة إلى الكرة 8، ورحتُ أمرّ من أمام أبواب مختلف النوادي وأهزّ الكرة لأقرّر إلى أيّ نادي سأنضمّ.

فحصلت على "لا" مرّات عديدة، وعلى "كرّر السؤال لاحقاً" بضع مرّات. وأخيراً، أجابت الكرة بعبارة "أجل، حتماً" عندما كنت أمام باب نادي الكتاب السنوي.

دخلت الغرفة، ووجدت الأعضاء في وسط اجتماع.

انتظرت في الخلف إلى أن انتهى الاجتماع، ثمّ ذهبت إلى رئيسة التحرير، بيتسي باكلز، وسألتها إن كنت أستطيع الانضمام إلى النادي.

فقالت لي إنّ إعداد الكتاب السنوي على وشك الانتهاء، ولكنّهم يحتاجون إلى المزيد من الصور لصفحة "اللقطات العفوية". ثمّ قالت إنّ المدرسة ستدفع خمسة دولارات عن كلّ صورة تُنشر في الكتاب السنوي، فوافقت على الفور.

إن استطعت تجنّب أولاد مينغو وجني المال في الوقت نفسه، فهذا ربح مزدوج.

اليوم هو يومي الأوّل كمصوّر للكتاب السنوي، ولم يكن الأمر سهلاً كما كنت أتوقّع. فقد أردت التقاط صور جيّدة، لكن بصراحة لا يقوم أولاد مدرستي بأشياء مثيرة للاهتمام حقاً.

كنت أحاول القيام بعملي كمصوّر وأنا أتابع دراستي بدوام كامل، الأمر الذي لم يسهّل عليّ أداء مهمّتي.

تمنّيت أن يرتكب أحدهم حماقة ما لأحصل على صورة عظيمة. لكن لسبب ما، التزم الجميع بقواعد حسن السلوك اليوم. كنت توّاقاً لالتقاط صورة لجامار ورأسه عالق في أحد المقاعد.

فقد نُشرت له صورة كهذه في الكتاب السنوي في العام الماضي، وإن فعل ذلك مجدّداً أردت أن أكون جاهزاً لها. أعلم أنّه لا يفترض بالمصوّر التأثير على شخصيّاته، ولكنّني حاولت على الأقلّ دفع جامار في الاتّجاه الصحيح.

كلّما رأيت صورة في كتاب سنوي أو مجلّة، وجدت تحتها شرحاً بسيطاً.

لذلك، عندما سلّمتُ صوري في نهاية ذلك اليوم، كتبتُ تحتها بعض الجمل لكي تفهم بيتسي ما تراه.

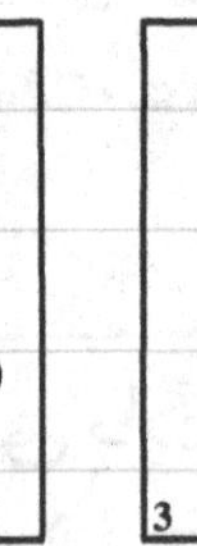

من مزايا التصوير في أيّامنا هذه أنّ كلّ شيء أصبح رقمياً. لذلك، إن لم تعجبكم الصورة التي التقطتموها، فبإمكانكم تحسينها في أيّ وقت باستعمال الكومبيوتر.

وقد التقطتُ بضع صور أخرى خلال الغداء، وظهر فيها أحد الطلّاب مغمض العينين. ولو لم أتمكّن من تعديلها، لضاعت سدى.

أعتقد أنّ كلّ كتاب سنوي بحاجة إلى شيء من الفكاهة، لذلك عدّلت عدداً من الصور لجعلها مضحكة أكثر. أتمنّى ألّا يثور الأستاذ بلاكلي عند رؤيته صورته.

لاحظت أيضاً أنّ كوني مصوّراً للكتاب السنوي يمنحني الكثير من السلطة.

فبإمكاني أن أقرّر من ستظهر صورته في الكتاب السنوي ومن لن تظهر صورته. وإن كان ثمّة من يغيظني، فهذه طريقة جيّدة للانتقام منه.

التقطتُ صورة لليون فيست بعد المدرسة. وبعد أن تلاعبت بها على الكمبيوتر، قلّصت حجم رأسه بنسبة 75 بالمئة. آمل حقّاً أن يُمرّر المحرّرون هذه الصورة. وفي حال حدوث ذلك، فإنّ الفضل يعود إلى الكرة 8.

<u>الاثنين</u>

في عطلة نهاية الأسبوع، وجدت فرصة مناسبة لدخول خزانة أمّي مجدّداً، وعثرت على بطّانيتي العجيبة خلف حذائها الشّتوي.

لم أصدّق عينيّ. فقد كنت أبحث عنها منذ بضعة أشهر بينما هي مُخبّأة في خزانة أمّي طوال الوقت.

في الواقع، حصلت على تلك البطّانية كهدية من والـدَيّ في العام الماضي. وعندما رأيت العلبة، أعترف بأنّني لم أفرح بها كثيراً.

لكنّ رأيي بها تغيّر ما إن ارتديتها. ولا بدّ لي من القول هنا إنّ من اخترع تلك البطّانية عبقري.

فكما تعلمون، عندما تشاهدون التلفاز وأنتم تغطّون أنفسكم بالبطّانية العادية، ستُضطرّون إلى إبعادها عنكم كلّما أردتم شرب شيء أو استخدام جهاز التحكّم عن بعد.

أمّا البطّانية العجيبة فتحلّ المشكلة. فهي تشبه البطّانية العادية، لكن يوجد لها كمّان وساقان وقفّازان. وهكذا، يمكنكم الإمساك بأيّ شيء من دون أن تعرّضوا أيديكم للهواء البارد.

والبطّانية العجيبة مصنوعة من قماش الفانيلا، لذلك تشعرون كما لو أنّكم في السرير طوال الوقت.

وقد حصل رودريك على بطّانية عجيبة هو أيضاً، وأعتقد أنّه تعلّق بها أكثر ممّا فعلت. في الواقع، بعد أن ارتداها لأوّل مرّة، لم يخلعها لمدة خمسة أيّام متواصلة تقريباً.

وأعتقد أنّه كان سيرتديها بشكل دائم لو أنّ أمّي لم تجبره على الاستحمام.

كان رودريك معتاداً على النوم في سريره أو على الأريكة. لكنه ما إن حصل على بطّانيته العجيبة حتّى أصبح يغفو أينما طاب له ذلك.

تحمّل والداي الوضع لمدّة من الزمن، لكن يبدو أنّنا - أنا ورودريك - قد بالغنا في الأمر، ولهذا اختفت بطّانيّتانا بشكل غامض بعد فترة.

لذا، عندما عثرت على بطّانيتي السحرية هذا الأسبوع، لم أعرف ما يجدر بي فعله.

لأنني إن بدأت بالتّجوّل بها في المنزل فستكتشف أمّي أنّني كنت أدخل خزانتها سرّاً. لذا، المكان الوحيد الذي يمكنني حقّاً ارتداؤها فيه هو السرير، ولكنّها لم تُصنَع لهذا الغرض.

وبينما كنت أستعدّ للذهاب إلى المدرسة هذا الصباح، خطرت لي فكرة.

فقد أدركت أنّني إن ارتديت بطّانيتي تحت ملابس المدرسة فلن يعرف أحد بذلك. وهكذا، سيكون الجلوس في الصفّ أشبه بالجلوس في السرير.

لكن، أتمنّى لو أنّني أمعنت التفكير في الأمر قبل الإقدام عليه. فالبطّانية السحرية قد تكون مريحة لمشاهدة التلفاز في المنزل، أمّا الذهاب بها إلى المدرسة فمسألة أخرى.

فساقا البطّانية قصيرتان حقّاً، لذا بدوت كالبطريق وأنا أمشي بها.

وبما أنّني لم أستطع فتح السحّاب باستعمال القفّازين، كانت محاولات القفز في حصة الرياضة ميؤوساً منها.

كما اكتشفت أيضاً مساوئ الفانيلا، فهي تسبّب الحرّ الشديد.

بعد حصّة الرياضة، تعرّقت قدماي كثيراً، فأدركت أنّ الوقت قد حان للتّخلّي عن هذه الفكرة.

لكن، فيما كنت أحاول خلع البطّانية كُسِر السّحّاب.

كان عليّ أن أدرك أنّه لا ينبغي لي إطلاقاً الوثوق بمنتجٍ يروَّج له عبر التلفاز.

حاولتُ التملّص منها عبر دفع ذراعيّ من فتحة العنق، ولكنّني لم أستطع إخراج مرفقيّ منها.

عندها بدأت أصاب بالذعر، لأنّ هذا الشيء لا يسمح بمرور الهواء، وخشيتُ أن أُشوى حياً مثل شطيرة في المايكروويف.

بعد دقيقة، أخذت عدداً كبيراً من الأنفاس العميقة لأهدّئ من روعي. إذ لم يكن قد بقي لدينا سوى عدد قليل من الحصص، وبعد ذلك يمكنني أن أقصّ البطّانية في المنزل وأحرّر نفسي.

كانت الحصّة الأخيرة مخصّصة للدراسات الاجتماعية، وكان لدينا اختبار لم أكن مستعدّاً له على الإطلاق. لذلك، فرحتُ عندما اكتشفت أنّه علينا الاختيار بين صح أو خطأ.

في الواقع، هذا بالضبط ما تصلح له الكرة 8.

لذا، عندما بدأ الاختبار، أخرجت الكرة العجيبة من حقيبتي، وبدأت أحلّ الأسئلة الواحد تلو الآخر. ومع أنّ بعض الإجابات لم تبدُ لي صحيحة، إلّا أنّني لن أبدأ الآن بالتشكيك بفائدة الكرة بعد أن ساندتني كلّ هذه المدّة.

مع ذلك، استغرقت هذه الطريقة الكثير من الوقت. وهكذا، كان الأولاد يسلّمون أوراق اختباراتهم في حين أنّني لم أُنهِ نصف الأسئلة بعد.

ومع مرور الوقت، بدأت أشعر بالتوتّر لأنّني لن أنهي الاختبار قبل أن يُقرع الجرس، فيما كانت الكُرة العجيبة 8 تماطل حقّاً.

رحت أهزّها بسرعة أكبر لأحصل على أجوبة حقيقية، وعندها انزلقت من يدي.

ارتطمت الكُرة بالأرض بقوّة، وقبل أن أتمكّن من الإمساك بها، تدحرجت وصولاً إلى حيث تقف الأستاذة ميريت.

في تلك اللحظة رُنّ الجرس. وبعد خروج جميع التلامذة، اصطحبتني الأستاذة ميريت إلى مكتب نائب المدير الأستاذ روي، وقالت له إنّها قبضت عليّ متلبّساً فيما كنت أستخدم "أداة للغشّ عالية التقنية" خلال الاختبار.

أعتقد أنّ نائب المدير شعر بشيء، من الارتباك، إلّا أنّه أخذ شكوى الأستاذة ميريت على محمل الجدّ في جميع الأحوال، واتّصل بأمّي التي حضرت إلى مكتبه في غضون عشر دقائق.

لا بدّ لي من الاعتراف بأنّ أمّي قد وقفت إلى جانبي. فقد أَكّدت أنّ الكرة العجيبة 8 مجرّد «دمية غير مؤذية»، وأنّه من المستحيل أن أستخدمها للغشّ.

رغبت في مقاطعة أمّي لأطلب منها عدم التقليل من قيمة الكرة وعدم اعتبارها دمية، ولكنني قرّرت تأجيل ذلك. فحتّى الآن، أمّي لم تقل شيئاً بعد عن البطّانية، ولا أريد المخاطرة بإثارة غضبها.

ظننت أنّني سأنجو بفعلتي، لكنّ نائب المدير أخرج سجلّي على جهاز الكمبيوتر، وأعلن أنّ درجاتي في تدنّ مستمرّ مؤخّراً، وأنّني أتراجع في كلّ المواد. ثمّ ختم كلامه بالقول إنّني لم أسلّم فرضاً منزلياً منذ ثلاثة أسابيع.

في الواقع، قد يكون هذا صحيحاً. لكن منذ أن ضيّع فريغلي دفاتري، أصبح من الصعب عليّ إنجاز فروضي.

بعد ذلك، رماني الأستاذ روي بقنبلة. إذ قال إنّني إن لم أحسّن درجاتي خلال الأسابيع القليلة القادمة، فسيتوجّب عليّ الانضمام إلى المدرسة الصيفية.

هذا الكلام لفت انتباهي. فقد سمعت الكثير من الشائعات عن المدرسة الصيفية، ولا أرغب حتماً في الانضمام إليها.

ومِمّا سمعته عنها هو أنّهم يطفئون المكيّفات صيفاً لتوفير المال .

كما أن صفوفها أقرب إلى السجون منها إلى الفصول الدراسية، ولا يُدرِّس فيها الأساتذة المعتادون . في الحقيقة، سمعت أنّ مدرّس اللغة الإنكليزية في الصيف ليس سوى البوّاب .

لا أدري ما إذا كان الأستاذ روي يحاول إخافتي وحسب، غير أنّه نجح في ذلك . إذ إن مجرّد التفكير في احتمال تمضية عطلة الصيف مع السيّد ميكس كان كافياً لتحويلي إلى طالب من الدرجة الأولى .

لا أدري حقّاً كيف تدنّت علاماتي إلى هذا الحدّ، لأنّ عامي الدراسي بدأ بشكل جيّد. ففي الفصل الأوّل، حصلت على الكثير من درجتَي ممتاز وجيّد جدّاً على بطاقة العلامات، حتّى إنّ أمّي اصطحبتني لتناول الآيس كريم احتفالاً بإنجازي.

وشارك رودريك في الاحتفال بذلك هو أيضاً، رغم أنّ نتائجه في ذلك الفصل لم تكن مشرّفة.

وقد علّمني ذلك أنّكم مهما بذلتم من جهد، فثمّة من سيستفيد من جهودكم دائماً.

أعلم أنّني لست من أفضل الطلّاب، ولكنّني لم أقلق يوماً بشأن الذهاب إلى المدرسة الصيفية.

وهكذا، رحت أبذل كلّ ما في وسعي هذا الأسبوع لإعادة الأمور إلى نصابها، وليصبح كل شيء، تحت السيطرة. وقد أحضرت لي أمّي مجموعة من الكتب المستعملة، وبدأت أنجز فروضي المتأخّرة كلّ ليلة.

لكنّ بعض المواد التي اعتُبرت راسباً فيها لم تكن تتضمّن فروضاً منزلية. ومنها مادّة الإلقاء، ومشكلتي في هذه المادة هي أنّني لا أشارك. ما من أحد من الأولاد يشارك حقّاً، ولهذا السبب تقف السيّدة نورتن أمامنا وتحاول إجبارنا على إلقاء القصائد بشكل صحيح.

وإنْ كان السيّد ميكّس هو أستاذ اللغة الإنكليزية في المدرسة الصيفية، فلا أريد أن أتخيّل حتّى ما ستكون عليه دروس الإلقاء.

لذا، قرّرت بدءاً من هذا اليوم أن أكون أفضل طالب في صفّ السيّدة نورتون.

وهكذا، عندما نادت اسمي في بداية الحصّة، وقفت على الفور وبدأت بإلقاء القصيدة التي كنّا نتمرّن عليها.

انتظرت السيّدة نورتون ريثما أنهيت إلقائي ، ثمّ قالت إنّها لم تكن تطلب منّي الإلقاء، بل تنادي على الحضور .

ساعدتني أمّي طوال الأسبوع على إنجاز فروضي المدرسية المتأخّرة ، ولكنّها قالت لي إنّه يجب عليّ أن أتولّى بمفردي أمر مشروع معرض العلوم . وهذا ما أثار استيائي ، لأنّ العلوم ليست من نقاط قوّتي .

ففي معرض العلوم في العام الفائت، كانت تجربتي العلمية تتناول موضوع التحوّل . وقد قمت بجمع عدد من اليسروعات ووضعتها في علبة تحتوي على أوراق لتأكلها، فصنعت جميعها شرانق .

كانت خطّتي تقوم على فتح العلبة في اللحظة التي تتحوّل فيها اليسروعات إلى فراشات لإدهاش لجنة الحكّام.

عملت بجدّ على المشروع، حتّى إنّني سلّمته قبل يومٍ من الموعد المحدّد. غير أنّني تركت علبة اليسروعات على السخّان في غرفة العلوم، فكانت تلك هي النهاية.

اليوم، ذهبت خلال فترة الاستراحة إلى المكتبة للبحث عن أفكار من أجل مشروعي العلمي، فأتت بيتسي باكلر وقالت لي إنّهم يحتاجون إليّ في مكتب الكتاب السنوي.

وأخبرتني أنّ نتائج أفضل الطلّاب في الصفّ قد ظهرت، وطلبت منّي الذهاب لالتقاط صور للفائزين.

لم أتكبّد هذا العام عناء التصويت، لذلك لم تكن لديّ أي فكرة عن أسماء المرشّحين. لكن، ما إن بدأ الفائزون بالدخول من الباب، حتّى عرفت فوراً ما فاز به كلّ منهم.

كان معظم الفائزين مُتوَقَّعين. وهكذا، فاز برايس أندرسون بلقب أجمل شَعر، وسيسيليا فارامير بلقب الطالبة الموهوبة، وجنّى ستيوارت بلقب الفتاة الأكثر أناقة.

أمّا ليام نيلسون فكان المفاجأة الحقيقية الوحيدة، إذ فاز بلقب أجمل طلة. لكنّ ليام يعمل في لجنة الكتاب السنوي، وكان مكلّفاً بعدّ الأصوات، لذلك لديّ إحساس بأنّه تلاعب بالنتائج.

عندما دخل فريغلي من الباب، أصبحت بالحيرة. فالفئة الوحيدة التي يمكنني أن أتخيّله فائزاً فيها هي مهرّج الصفّ، غير أنّني كنت قد انتهيت للتوّ من التقاط صورة جيفري لافلي.

فلاش

نظرت إلى القائمة التي أعطتني إيّاها بيتسي، واكتشفت أنّ فريغلي قد فاز بلقب الطالب الأكثر شعبية. لكن، نظراً لما آلت إليه الأمور مؤخّراً، لم أعد أستغرب شيئاً.

كنت أساساً في مزاج سيّئ عندما دخل الشخصان الأخيران الغرفة لالتقاط صورة لهما.

نظرت إلى الأسفل، وعندما قرأت ما كُتِب على الورقة، شعرت بالغثيان.

لقد اضطررت إلى القيام بأمور كريهة في حياتي، لكن صدّقوني، لا شيء يقارَن بالعذاب الذي عانيته هذا اليوم.

بعد تلك الجلسة، استقلت رسمياً من وظيفتي كمصوّر للكتاب السنوي، وسلّمت الكاميرا. ففي النهاية، إن قدرة الإنسان على الاحتمال محدودة.

ساءت أموري فعلاً منذ أن سقطت منّي الكرة العجيبة 8 في صفّ السيّدة ميريت.

وبعد أن أعادها إليّ نائب المدير الأستاذ روي، لاحظت أنّها أخفّ وزناً بكثير. ثمّ تبيّن لي أنّها تشقّقت عندما ارتطمت بالأرض وتسرّب منها السائل الأزرق الذي كان موجوداً فيها خلف النافذة الصغيرة، فأصبحت بلا جدوى.

وهكذا، رميتها من فوق سور جدّتي وأنا عائد إلى البيت في ذلك اليوم. ولكنّني بدأت أفتقد إليها مؤخّراً لأنّني كنت بحاجة إلى اتّخاذ قرارات صعبة جدّاً.

وأخيراً، تمكّنت من إنجاز فروضي المنزلية المتأخّرة. لكنّ موعد تسليم المشروع العلمي كان يوم الخميس، ولم تخطر ببالي بعد أيّ فكرة من أجله.

عندئذٍ فكّرت في إريك غليك. فلطالما سمعت أنّه قادر على تأمين فرض قديم لمن هم في ورطة. وتخيّلت أنّه قد يتمكّن حتّى من وضع يديه على مشروع علمي.

مع ذلك، لم أكن واثقاً بأنّني أريد التورّط مع شخصية غامضة مثل إريك. وهذا النوع من القرارات هو تماماً من تلك القرارات التي كنت عادة أترك أمر حسمها للكرة العجيبة 8. أمّا اليوم فعليّ اتّخاذه بمفردي.

بيد أنّني كنت يائساً، ولذلك ذهبت للقاء إريك خلف المدرسة وأخبرته عن مشكلتي.

قال لي إريك إنّه بإمكاني الاعتماد عليه. ثمّ طرق بطريقة سرّية على باب بلا مقبض يبعد عنّا بضع أقدام، وعلى الفور، فُتح الباب من الداخل.

احتجتُ إلى دقيقة ريثما اعتادت عيناي على الظلام. وبدت لي الغرفة أشبه بمخزن، وفيها عدد من الأولاد المجتمعين حول طاولة كُدّست عليها الأوراق.

رأيت ملخّصات كتب قديمة، وأبحاثاً في التاريخ، ومجموعة من الأشياء الأخرى.

بدا لي أنّ الشخص المسؤول عن ذلك المكان كان دينيس دينارد؛ وهو طالب في الصفّ الثامن ولكنّه رسب مرّتين. وأظنّ أنّه بقي في المرحلة المتوسّطة عمداً ليتمكّن من تسيير أنشطته الاحتيالية.

قال إريك لدينيس إنّني بحاجة إلى مشروع لمعرض العلوم، فاصطحبني هذا الأخير إلى غرفة خلفيّة مستقلّة تحتوي على رفوف رُصّت عليها المشاريح القديمة.

على ما يبدو، كلّما كان المشروع أفضل كان أغلى ثمناً.

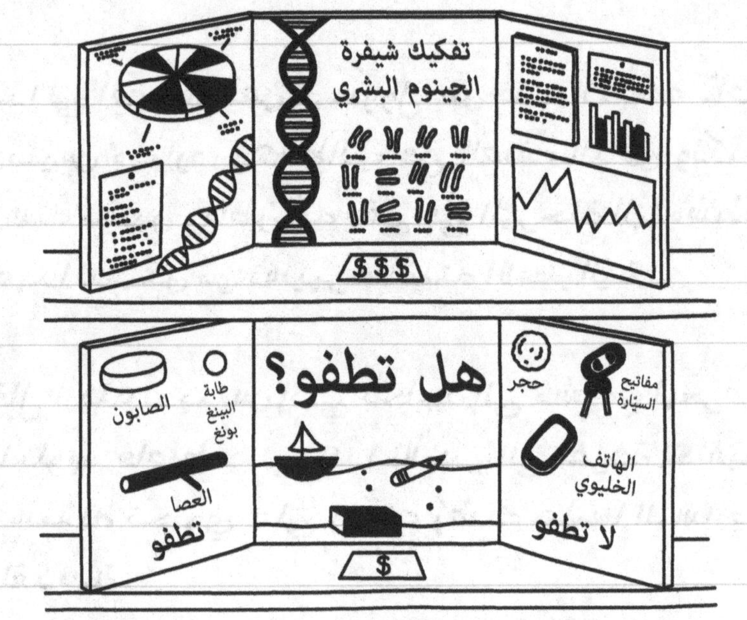

بدا لي أحد المشاريح مألوفاً. وعندما ألقيت عليه نظرة عن كثب عرفت السبب. فقد كان مشروع رودريك العلمي الذي قدّمه حين كان في المرحلة المتوسّطة.

مازلت أذكر الفترة التي عمل فيها رودريك على ذلك المشروع. فقد كانت فكرته تتمثّل في معرفة ما إذا كان لمختلف أنواع الموسيقى تأثير على مدى سرعة نموّ الأزهار.

وهكذا، وزّع أصصاً من الأزهار في كلّ غرف المنزل التي تصدح فيها الموسيقى .

غير أنّ الأزهار كلّها ذبلت بعد أسبوعين، فاعتقد رودريك أنّ الموسيقى هي التي قتلتها. لكنّ أمّي قالت له إنّها ذبلت لأنّه لم يروِها مطلقاً .

أعتقد أنّ المدرسة تُلقي جميع المشاريح العلمية القديمة في هذا المخزن، سواء أنالت علامة جيّدة أم لا.

لا أدري ما إذا كانت رؤيتي لمشروع رودريك القديم هي السبب، ولكنّني بدأت أعيد النظر في هذه المسألة من أساسها. وأعتقد أنّ دينيس وإريك أدركا أنّ القلق قد بدأ ينتابني، لأنّهما راحا يضغطان عليّ لأتّخذ قراري.

عندها، أخبرت دينيس أنّي لا أحمل المال وسأعود غداً.

طلب منّي إريــك أن أقلّب جيوبي لإثبـات ذلك، ولكنّني لاحظتُ أنّ الباب مفتوح قليلاً، فركضتُ هارباً.

لستُ واثقاً من أنّني مستعدّ للتورّط مع أشخاص مثل دينيس دينارد وإريك غليك لأيّ سبب من الأسباب، لأنّني ما إن أخطو الخطوة الأولى في هذا الاتّجاه فلا عودة بعدها.

اليوم كانت بانتظاري مفاجأة غير متوقّعة. فبعد أسبوع واحد من فوز رولي وأبيغيل بلقب أفضل صديقين، شاع خبر خلافهما في الملعب.

سمعت أنّ أبيغيل تصالحت مع صديقها القديم مايكل سامبسون. وبحسب الشائعات، هي لم تصادق رولي إلّا لتثير انزعاج مايكل.

ومن الواضح أنّ الخطّة قد نجحت. لكن بحسب ما سمعته، اكتشف رولي حقيقة الأمر بطريقة صادمة.

مع ذلك، لا يمكنني إضاعة الوقت في الشعور بالأسف على رولي لأنّني غارق في مشاكلي الخاصة.

فقد اضطررت يوم أمس إلى التأخّر في المدرسة لليوم الثاني على التوالي لإجراء أبحاث من أجل مشروعي العلمي الذي سأقدّمه غداً.

وبالمناسبة، أنا مسرور لأنّني قرّرت عدم السير في طريق دينيس دينارد، لأنّ أحدهم قد وشى به اليوم، فقامت مجموعة من أعضاء هيئة التدريس بمداهمة المخزن.

تمّ احتجاز الأولاد الذين قُبض عليهم لبقيّة العام. وأنا واثق من أنّ العقاب يتضمّن مشاركة إلزامية في المدرسة الصيفية.

ما زلت أملك الفرصة للنجاة من المدرسة الصيفية، وآمل أن أنجح في ذلك حقّاً، لأنّني لا أريد التحديق إلى ظهر دينيس دينارد وهو يتصبّب عرقاً طوال الصيف.

<u>الخميس</u>

عملت على مشروعي العلمي يوم أمس منذ عودتي إلى المنزل وحتّى الساعة 11:30 ليلاً. ومع أنّني أعرف أنّ مشروعي لن ينال جائزة نوبل، إلّا أنّني كنت فخوراً بإنجازه.

أعتقد أنّ أمّي شعرت بالسّرور أيضاً. لكن بعد انتهائي من تحضير المشروع، ذهبتُ لإحضار ورقة الشّروط التي أرسلتها السيّدة أبينغتون إلى المنزل، وتفاجأت لدى قراءتي ما كُتب عليها بخطّ عريض؛ وهو أنّ التقرير ينبغي أن يكون مطبوعاً.

عندها، قالت لي أمّي إنّه لا جدوى من التذمّر، وإنّه عليّ البدء بطباعة التقرير.

غير أنّني كنت قد استنفدت طاقتي تماماً، فقلت لأمّي إنّني سأخلد إلى النوم وأستيقظ باكراً جدّاً لإنجاز العمل.

ضبطتُ المنبّه على الساعة السادسة صباحاً، ولكنّني عندما استيقظت هذا الصباح، كانت الساعة تشير إلى 8:10. شعرت بالذعر الشديد، لأنّني لا أذكر أنّني أطفأت المنبّه إطلاقاً.

عندها، عرفت أنّني وقعت في ورطة، لأنّه يجب عليّ الذهاب إلى المدرسة في غضون عشرين دقيقة، ومن المستحيل أن أتمكّن من طباعته خلال هذه المدّة القصيرة.

لكنّني عندما نزلت إلى الطابق السفلي، وجدت مشروعي على طاولة المطبخ، وكان التقرير مطبوعاً.

ظننت للحظة أنّ كائناً خيالياً قد أتى ليلاً ونثر غباراً سحرياً على الصفحات، ثمّ أدركتُ سريعاً أنّ أمّي هي التي طبعته.

وعلى الفور، ذهبت إلى غرفتها لأشكرها، ولكنّني وجدتها مستغرقة في النوم.

سلّمت مشروعي العلمي في الحصّة الثانية، وشعرت كما لو أنّ جبلاً قد أزيح عن كاهلي. وفي الحقيقة، كان بقيّة اليوم المدرسي ممتعاً.

وبالمقابل، لم يكن رولي في أحسن أحواله.

فقد راح رولي يتجوّل في الملعب بشرود، ورأيته مرّة أو مرّتين بجانب صندوق إيجاد صديق.

فكّرت في الذهاب للتحدّث إليه، لكنّ الأستاذ نيرن سبقني.

كلّما فكّرت في الأمر ملياً، أدركت أنّه من الأفضل لنا أنا ورولي أن نحافظ على مسافة بيننا. فصداقتنا تشهد مدّاً وجزراً منذ مدّة، وقد طفح الكيل أساساً.

غير أنّ رؤية رولي جالساً على المقعد وهو يلعب الداما مع الأستاذ نير لأن أشعرتني بالذنب حقّاً.

لم أعرف ما يجب عليّ فعله بشأنه، ولذلك ذهبت إلى المكان الوحيد الذي أعلم أنّني سأجد جواباً فيه.

في طريق العودة من المدرسة، مررت بمنزل جدّتي لأرى ما إذا كانت الكرة العجيبة 8 لاتزال في حديقتها. أعلم أنّها محطّمة، ولكنني أملت في الحصول على جواب أخير منها.

استغرق البحث عنها وقتاً طويلاً، ولكنّني عثرت عليها أخيراً إلى جانب كومة من الحطب.

وبينما كنت أستعدّ للتركيز جيّداً وطرح سؤالي، لمحت شيئاً أخضر لامعاً تحت أحد الجذوع.

عندئذٍ، نسيتُ أمر الكرة وذهبت مباشرة إلى علبة الهدايا البلاستيكية الخضراء.

هززتها قليلاً، وعندما سمعت الصوت الذي صدر عنها، عرفت تماماً ما يوجد داخلها.

لم أصدّق أنّ الكرة العجيبة 8 قد قادتني مباشرة إلى خاتم ميماو الألماسيّ. ربّما ظنّت أنّها تدين لي بشيء، بسبب كلّ ما حدث مؤخّراً.

وما إن عرفت أنّني وضعت يدي على خاتم ميماو حتّى تزاحمت ملايين الأفكار في رأسي، ومعظمها تشتمل على حزام طيران.

لكنّني تذكّرت ما سيحدث برأي أمّي إن عثر أحدنا على الخاتم. ورغم أنّني أستطيع بيعه على الأرجح مقابل مبلغ كبير من المال، إلّا أنّ الأمر لا يستحقّ أن تتفكّك العائلة من أجله.

وهكذا، أخذت العلبة البلاستيكية وخبّأتها في مكان لن يعثر عليه أحد، على الأقلّ لفترة من الوقت. وفي حال احتجت إلى المال يوماً، فأنا أعرف أنّني أستطيع الذهاب في أيّ وقت إلى خزانة أمي، ومدّ يدي بين تيكلز الرابع وتيكلز الخامس لإخراج نفسي من المأزق.

ربّما كانت الكرة العجيبة 8 صالحة لتقديم المساعدة في ما يتعلّق بالقرارات الصغيرة، ولكنني أعتقد أنّه عليّ اتّخاذ القرارات الكبيرة بنفسي .

وهكذا، ذهبت اليوم خلال فرصة الغداء إلى آخر الصفّ الذي يجلس فيه رولي وسألته إن كان يرغب في المجيء، للجلوس معي . وما إن مرّت خمس ثوانٍ، حتّى عادت المياه إلى مجاريها.

أعرف ما تقوله أمّي دائماً عن أنّ الأصدقاء لا يدومون بينما تدوم الأسرة إلى الأبد . وقد يكون ذلك صحيحاً.

لكنّ أسرتكم لن تكون معكم عندما يطاردكم ميكلي مينغو بحزامه في طريق العودة من المدرسة.

أنا واثق من أنّنا سنتخاصم أنا ورولي مجدّداً يوماً ما، وسنعيش هذه الدراما مرّة أخرى، غير أنّنا الآن في أحسن حال.

أو على الأقلّ إلى أن يتمّ إصدار الكتاب السنوي. لكن، أظنّ أنّه بإمكاننا تأجيل هذه المسألة إلى وقت لاحق.

أفضل صديقين

رولي و أبيغيل

شكر

شكراً لكل محبي سلسلة «مذكرات طالب» لأنهم ألهموني وحفزوني على كتابة هذه الحكايات. شكراً لكل أصحاب المكتبات لأنهم وضعوا كتبي في متناول الأولاد.

شكراً لأفراد عائلتي على كل الحب والدعم. أمتعتني فعلاً مشاركة هذه التجربة معكم.

شكراً لكل الزملاء في «منشورات أبرامز» لأنهم عملوا بكدّ لإصدار هذا الكتاب. شكر خاص لرئيس التحرير تشارلي كوشمان، والناشر جايسون ويلز، ومدير التحرير سكوت أويرباش.

شكراً لكل شخص في هوليوود عمل بكدّ لإنجاح شخصية غريغ هيفلي، ولاسيما نينا، وبراد، وكارلا، وريلي، وإليزابيت، وثور. وشكراً لكما سيلفي وكيث على مساعدتكما وإرشادكما.

الكاتب

جيف كيني هو أحد المؤلفين الأكثر مبيعاً على لائحة نيويورك تايمز وفائز لـ6 مرات بجائزة الكتاب المفضل للأولاد من نيكلوديون. كما تمت تسمية جيف واحداً من أكثر الشخصيات الـ100 المؤثرين في العالم على لائحة مجلة تايمز. وهو منشئ موقع بوبتروبيكا Poptropica الذي اختارته مجلة تايم أحد أفضل 50 موقع انترنت. قضى طفولته في واشنطن، العاصمة، ثم انتقل إلى نيوإنغلند في العام 1995. وهو يعيش حاليًا مع زوجته وولديه في ماساتشوستس حيث يملكون مخزناً لبيع الكتب يدعى An Unlikely Story.